Josef F. Justen

Die große

IRRLEHRE

der katholischen Kirche:

ES GIBT KEINE REINKARNATION!

Bibliografische Information der Deutschen Nationalbibliothek:
Die Deutsche Nationalbibliothek verzeichnet diese Publikation
in der Deutschen Nationalbibliografie; detaillierte bibliografische
Daten sind im Internet über dnb.dnb.de abrufbar.

Verlag: BoD · Books on Demand GmbH, Überseering 33,
22297 Hamburg, bod@bod.de

Druck: Libri Plureos GmbH, Friedensallee 273,
22763 Hamburg

ISBN: 978-3-7693-7624-1

Die Ursache aller Dinge ist der Geist.
Er bringt einen Körper hervor,
durch den er seine Wunder vollführt.
Ist der Körper zerstört,
schafft sich der Geist einen neuen Körper,
der ähnliche oder höhere Eigenschaften hat.

Paracelsus (1493 bis 1541)

Sag, was will das Schicksal uns bereiten?
Warum band es uns genau?
Ach, du warst in abgelebten Zeiten
einst meine Schwester – oder meine Frau.

Johann Wolfgang von Goethe (1749 bis 1832)

Wenn mich ein Asiate früge, was Europa ist,
so müsste ich ihm antworten:
Es ist der Weltteil, der gänzlich von dem unerhörten
und unglaublichen Wahn besessen ist,
dass die Geburt des Menschen sein absoluter Anfang,
und er aus dem Nichts hervorgegangen sei.

Arthur Schopenhauer (1788 bis 1860)

Inhaltsverzeichnis

Wie oft wohl bin ich schon gewandelt
auf diesem Erdball des Leids,
wie oft wohl hab' ich umgewandelt
den Stoff, die Form des Lebenskleids?
Wie oft mag ich schon sein gegangen
durch diese Welt, aus dieser Welt,
um ewig wieder anzufangen,
von frischem Hoffnungstrieb geschwellt?
Es steigt empor, es sinkt die Welle –
so leben wir auch ohne Ruh';
unmöglich, dass sie aufwärts schnelle
und nicht zurück – dem Grunde zu.

Christian Morgenstern (1871 bis 1914)

Vorwort

Noch bis vor etwas mehr als sechzig Jahren hatte die katholische Kirche ganz offiziell den Anspruch, die *»allein seligmachende Kirche«* zu sein. Andersgläubige – selbst Mitglieder der evangelischen Kirche – wurden *bestenfalls* als »Christen zweiter Klasse« betrachtet, denen nicht das »ewige Heil« in Aussicht stehe.

In streng gläubigen Familien wurde es den Kindern bisweilen sogar untersagt, mit Kindern, die nicht katholisch waren, zu spielen. An eine kirchliche Eheschließung mit einem Protestanten, eine sogenannte »Mischehe«, war meistens nicht zu denken.

Selbst in unserer Zeit kann man sich nicht des Eindrucks erwehren, dass manche katholische Kirchenvertreter immer noch der Ansicht sind, auf der einzig richtigen Seite zu stehen.

Wie könnte man sonst eine Erklärung dafür finden, dass sie ihr Oberhaupt, den jeweiligen Papst, als »Stellvertreter Christi auf Erden« bezeichnen?! Viele denken gar nicht darüber nach, was das für eine Anmaßung ist! Wie kann sich ein *Mensch* als Stellvertreter dieses unfassbar hohen und erhabenen Gotteswesens, des wichtigsten Gottes für die Erden- und Menschenwelt halten?! Das ist noch unfassbarer, als wenn, nachdem ein König sein Schloss verlassen hat, sich der Schlosshund als dessen Stellvertreter aufspielen würde. Das zeigt deutlich, dass die katholische Kirche das Christus-Wesen nicht versteht. Die Kirchen – nicht nur die katholische – haben den Christus und das Verständnis für ihn längst verloren. Sie verstehen – wenn überhaupt – nur den Menschen Jesus, den sie gern als ›schlichten Mann von Nazareth‹ bezeichnen. Eigentlich grenzt es an Etikettenschwindel, dass sie sich »Christen« nennen oder als »christliche Kirchen« bezeichnen. Im Grunde müssten sie sich *»Jesusten«*, *»Jesten«* oder ähnlich nennen.

Der Papst lässt sich mit »Heiliger Vater« oder gar »Heiligster Vater« anreden. Wie passt das mit den Worten zusammen, die Jesus Christus in der Überlieferung nach Matthäus sprach?

> *Auch nennet hier auf Erden niemanden Vater; denn einer ist euer Vater, der in den Himmeln.*
>
> Matthäus 23, 8

In ihrem monumentalen »Katechismus« hat die katholische Kirche ihre Lehrsätze, die zum Teil als Dogmen gelten, formuliert. Das, was dort geschrieben steht, ist die Richtschnur, an welche die Katholiken sich halten sollen, die sie als unverrückbare Wahrheiten anerkennen müssen. Aus spiritueller Sicht befinden sich in diesem Werk mehrere – zum Teil krasse – Irrtümer bzw. Halbwahrheiten.

Wir wollen uns in diesem Buch nur mit einem dieser Irrtümer beschäftigen, den man unbedingt als **Irrlehre** bezeichnen muss. Im *»Katechismus der katholischen Kirche«* heißt es:

> *Der Tod ist das Ende der irdischen Pilgerschaft des Menschen, der Zeit der Gnade und des Erbarmens, die Gott ihm bietet, um sein Erdenleben nach dem Plane Gottes zu leben und über sein letztes Schicksal zu entscheiden. »Wenn unser **einmaliger irdischer Lebenslauf** erfüllt ist«, kehren wir nicht mehr zurück, um noch weitere Male auf Erden zu leben. Es ist dem »Menschen bestimmt«, »**ein einziges Mal zu sterben**« [Hebr. 9, 27]*
>
> ***Nach dem Tod gibt es keine »Reinkarnation«.***
>
> Nr. 1013, S. 290

Selbstverständlich geht man im *gesamten konfessionellen* Christentum, also auch im Protestantismus, davon aus, dass jeder Mensch nur ein einziges Mal den irdischen Schauplatz betritt.

Die Tatsache, dass man die Reinkarnation verwirft, ist schon insofern unverständlich, als der große Kirchenvater und Kirchenlehrer Hieronymus (347 bis 420), dessen großartige Leistung es war, im Auftrage seines Bischofs die Urtexte der Bibel aus der alten hebräischen, aramäischen bzw. griechischen Sprache ins Lateinische zu übersetzen, wodurch die »Vulgata« entstand, von der Reinkarnation sprach, wenngleich er nicht diesen Terminus verwandte. So schrieb er in seinen Briefen (*»Epistulae«*): *»Alle körperlosen und unsichtbaren Geschöpfe [...] nehmen Körper an je nach Art der Orte, zu denen sie herabsinken; zum Beispiel erst aus Äther, dann aus Luft, und wenn sie in die Nähe der Erde kommen, umgeben sie sich mit noch dichteren Körpern, um schließlich an menschliches Fleisch gefesselt zu werden. [...] Dabei wechselt der Mensch seinen Körper ebenso oft, wie er seinen Wohnsitz beim Abstieg vom Himmel zur Erde wechselt.«*[1]

Im Gegensatz zu einigen unserer Sachbücher, in denen die Reinkarnations- und die in engem Zusammenhang damit stehende Karmalehre in großer Ausführlichkeit behandelt wurde, soll hier nur zu zeigen versucht werden, wie sinnbefreit die gesamte menschliche Existenz wäre und dass sich viele Fragen niemals befriedigend beantworten ließen, wenn man nicht von der Reinkarnation ausginge. Insbesondere könnte man dann kaum von einem gerechten Gott sprechen.

Das vorliegende Buch versteht sich weder als eine Agitationsschrift gegen das konfessionelle Christentum im Allgemeinen und den Katholizismus im Besonderen noch will es den Leser dazu bringen, an die Reinkarnation zu glauben. Allerdings sollen hier einige Anregungen gegeben werden, die manche zum Nachdenken ermuntern können. Es wendet sich in erster Linie an Katholiken, die diese Irrlehre bisher ungeprüft übernommen haben.

Kapitel 1

Das Leben nach dem Tod gemäß
der Lehrmeinung der katholischen Kirche

Es ist doch offensichtlich so, dass die Vorstellungen bzw. Lehren über das nachtodliche Leben des Menschen in Abhängigkeit davon, ob man die Reinkarnation anerkennt oder nicht, ganz anders ausfallen müssen.

Werfen wir einen Blick auf das, was die katholische Kirche über das Leben nach dem Tod lehrt, wie man es ihrem Katechismus entnehmen kann. Zunächst kann man finden, dass die katholische Kirche von *drei* möglichen Wegen, die der Mensch nach dem Tod nehmen kann, ausgeht.

> *Jeder Mensch empfängt im Moment des Todes in seiner unsterblichen Seele die ewige Vergeltung. Dies geschieht in einem besonderen Gericht, das sein Leben auf Christus bezieht – entweder durch eine Läuterung hindurch oder indem er unmittelbar in die himmlische Seligkeit eintritt oder indem er sich selbst sogleich für immer verdammt.*
>
> Nr. 1022, S. 292

Wer tritt nun nach katholischer Lehrauffassung *unmittelbar* in die himmlische Seligkeit ein, *ohne* eine Läuterungsphase durchlaufen zu müssen?

> *Die in der Gnade und Freundschaft Gottes sterben und völlig geläutert sind, leben für immer mit Christus. Sie sind für immer Gott ähnlich, denn sie sehen ihn, »wie er ist« [1 Joh. 3,2] »von Angesicht zu Angesicht« [1 Kor. 13, 12].*
>
> Nr. 1023, S. 292

Was lehrt die katholische Kirche über den Himmel und das Leben, das sich dort abspielt?

> *Dieses vollkommene Leben mit der allerheiligsten Dreifaltigkeit, diese Lebens- und Liebesgemeinschaft mit ihr, mit der Jungfrau Maria, den Engeln und allen Seligen wird »der Himmel« genannt. Der Himmel ist das letzte Ziel und die Erfüllung der tiefsten Sehnsüchte des Menschen, der Zustand höchsten, endgültigen Glücks.*
>
> Nr. 1024, S. 293

Dann kann man dort noch lesen:

und weiter:

Zwei Aspekte können daraus abgeleitet werden.

Zum einen scheint es durchaus möglich zu sein, sich nach einem Leben, das von der Liebe zu Gott getragen war, sogleich für dieses hohe himmlische Ziel ›qualifizieren‹ zu können. Eine solche Möglichkeit wird vielen Katholiken als große Hoffnung und Ansporn dienen können. Es ist doch wohl ein sympathischer Gedanke, diese ewige Seligkeit schon sehr bald und für immer erleben zu dürfen.

Zum anderen kann man nicht umhin einzugestehen, dass man aus diesen Glaubenssätzen keine halbwegs konkrete Vorstellung davon gewinnen kann, wie sich das Leben im Himmel bzw. in der geistigen Welt abspielt, was es da zu tun gibt usw.

Wie wir in unserem Werk *»Die spirituelle Seite des Todes«* (☞ S. 59) in großer Ausführlichkeit gezeigt haben, kann man von diesem gemeinschaftlichen Zusammenleben, von dieser Lebensgemeinschaft, die in den Lehrsätzen der katholischen Kirche nur ganz schemenhaft angedeutet wird, für bestimmte Phasen des nachtodlichen Lebens durchaus sprechen.

Das Gegenstück des Himmels ist die Hölle. Welche Menschen erwartet sie und wie kann man eine Vorstellung von dieser Sphäre gewinnen?

> *Wir können nicht mit Gott vereint werden, wenn wir uns nicht freiwillig dazu entscheiden, ihn zu lieben. Wir können aber Gott nicht lieben, wenn wir uns gegen ihn, gegen unseren Nächsten oder gegen uns selbst schwer versündigen: »Wer nicht liebt, bleibt im Tod. Jeder, der seinen Bruder hasst, ist ein Mörder, und ihr wisst: Kein Mörder hat ewiges Leben, das in ihm bleibt« [1 Joh. 3,14-15]. Unser Herr macht uns darauf aufmerksam, dass wir von ihm getrennt werden, wenn wir es unterlassen, uns der schweren Nöte der Armen und Geringen, die seine Brüder und Schwestern sind, anzunehmen. In Todsünde sterben, ohne diese bereut zu haben und ohne die barmherzige Liebe Gottes anzunehmen, bedeutet, durch eigenen freien Entschluss für immer von ihm getrennt zu bleiben. Diesen Zustand der endgültigen Selbstausschließung aus der Gemeinschaft mit Gott und den Seligen nennt man »Hölle«.*
>
> Nr. 1033, S. 295

Weiter heißt es:

> *Die Lehre der Kirche sagt, dass es eine Hölle gibt und dass sie ewig dauert. Die Seelen derer, die im Stand der Todsünde sterben, kommen sogleich nach dem Tod in die Unterwelt, wo sie die Qualen der Hölle erleiden, »das ewige Feuer‹. Die schlimmste Pein der Hölle besteht in der ewigen Trennung von Gott, in dem allein der Mensch das Leben und das Glück finden kann, für die er erschaffen worden ist und nach denen er sich sehnt.*
>
> Nr. 1035, S. 295

Es ist nicht zu übersehen, dass bei diesen kirchlichen Lehren immer noch das alte Prinzip von »Belohnung und Bestrafung« durchscheint. Belohnung und Bestrafung mögen im Erdenleben eine Bedeutung haben, etwa wenn man an die Dressur von Tieren denkt. Auch in der Kindererziehung mag dieses Prinzip eine gewisse Berechtigung haben. Zumindest verfahren viele Eltern nach diesem Muster. Dass die katholische Kirche dieses Prinzip immer noch hochhält, macht deutlich, dass sie ihre Gläubigen auf der Kindheitsstufe halten möchte. Sie rechnet nicht mit den Erkenntniskräften der Menschen. Damit soll nicht gesagt sein, dass ein Kirchenvertreter sich dessen wirklich bewusst sein müsste.

Kommen wir schließlich zu dem, was üblicherweise als Fegefeuer bezeichnet wird. Diesen ›Zwischenzustand‹ werden vermutlich die meisten Menschen nach ihrem Tod durchzumachen haben. Wer kommt nach katholischer Lehrauffassung ins Fegefeuer und was erwartet ihn da?

Dasjenige, was hier dargestellt wurde, ist im Grunde *alles*, was die katholische Kirche über das Leben des Menschen nach dem Tod weiß bzw. zu sagen hat!

Nun könnte jemand einwenden und sagen: Ja, wenn die Reinkarnation wirklich eine Weltentatsache ist, welche die Kirche aber als Irrlehre bezeichnet, dann müssen doch ihre Lehren über das nachtodliche Leben zwangsläufig falsch sein. Das lässt sich allerdings so pauschal nicht sagen. Völlig falsch können diese Lehren schon deswegen nicht sein, da sie weitgehend auf den – allerdings zum Teil sehr schwer verständlichen und somit interpretierbaren – Aussagen der Bibel basieren. Sie sind lediglich viel zu grob, lückenhaft und schwammig, so dass sie Spekulationen Tür und Tor öffnen und dem suchenden Menschen keine wirkliche Orientierung zu geben vermögen.

Namentlich dasjenige, was im Katechismus der katholischen Kirche über das Fegefeuer bzw. Purgatorium beschrieben ist, kann – so dürftig es auch ist – als *einigermaßen* stimmig bezeichnet werden.

Das was die Kirche über das Leben im Himmel schreibt, ist gewiss auch nicht in Bausch und Bogen als falsch zu bewerten. Allerdings könnte der Eindruck entstehen, dass der Mensch in dieser Daseinssphäre ein beschauliches Leben, in dem es für ihn nichts zu tun gäbe, führen würde. Dadurch entstehen die wohl jedem bekannten Assoziationen, dass die Himmelsbewohner sich um Gottes Thron scharen und den ganzen lieben langen Tag auf der Harfe spielen und »Hallelujah« singen. Das gesamte nachtodliche Leben eines Menschen hat mit Ruhen, Pausieren, Verweilen oder gar Nichtstun absolut nichts zu tun. Gemessen an der Vielzahl der Erlebnisse und der Fülle der Tätigkeiten, die der Mensch im Leben zwischen Tod und neuer Geburt zu leisten hat, erscheint das gesamte Erdenleben – selbst wenn dieses äußerst arbeitsreich und mühsam war – fast wie ein langer Urlaub.

Wie ist die katholische Lehre über die Hölle zu bewerten?

Freilich gibt es eine dunkle Daseinssphäre, die man traditionell als »Hölle« bezeichnet, in der bestimmte Seelen ganz entsetzlichen Qualen ausgesetzt sind. Allerdings ist die Ansicht, dass diese Seelen dort bis ›in alle Ewigkeit‹ leiden müssen, ohne auch nur die geringste Chance zu haben, ihre Entwicklung in eine andere Richtung zu lenken, völlig abstrus. Zu dieser Anschauung kann man nur gelangen, wenn man die Wahrheit von den wiederholten Erdenleben ignoriert.

Wenn jeder Mensch wirklich nur *ein einziges* Erdenleben durchlaufen würde, so gäbe es ein Problem: Was macht man mit den abgrundtief schlechten Menschen? Da diese dann keine Gelegenheit hätten, in folgenden Inkarnationen sich zu ändern, sich zu bessern, muss man zu einer Krücke greifen. Diese Krücke ist die Hölle, in die man solche bösen Seelen *für alle Zeiten* einsperren muss!

Insgesamt muss man konstatieren, dass die Lehren des konfessionellen Christentums im Allgemeinen und die der katholischen Kirche im Besonderen über das nachtodliche Leben des Menschen äußerst dürftig sind und dem suchenden Menschen keine wirkliche Hilfe sein können. Es gibt heute zahlreiche *spirituelle* Quellen, in denen in großer Ausführlichkeit über das geschildert wird, was uns nach dem Tod in den übersinnlichen Welten erwartet. Man muss hierbei allerdings die Spreu vom Weizen trennen! In der *seichten* esoterischen Literatur sowie in den meisten Quellen, die auf *medialen Botschaften* basieren, lassen sich zwar durchaus zahlreiche Beschreibungen über das nachtodliche Leben finden, allerdings wird vieles durch die rosarote Brille gefiltert. Auch findet man dort häufig nur Halbwahrheiten. Eine besonders reich sprudelnde Quelle ist die *anthroposophisch orientierte Geisteswissenschaft,* kurz »Anthroposophie«, die der große Eingeweihte und Geisteslehrer Dr. Rudolf Steiner (1861 bis 1925) vor rund 100 Jahren der Menschheit geschenkt hat. In keinem anderen Weltbild, in keiner anderen Geistesart findet man so umfassende Darstellungen geistiger Wahrheiten. Im Vergleich dazu sind die kirchlichen Lehren über das Leben des Menschen nach dem Tod geradezu armselig.

Es ist nicht das Ziel dieses Büchleins, über das Leben des Menschen nach dem Tod, wie man es heute insbesondere aus der Anthroposophie wissen kann, zu berichten. Ein Leser, der an diesem so wichtigen Thema interessiert ist, kann unser bereits erwähntes Werk *»Die spirituelle Seite des Todes«* empfohlen werden (☞ S. 59).

Kapitel 2

Fragen, auf welche die Kirche keine Antwort geben kann

Wenn jeder Mensch wirklich nur *ein einziges Mal* auf der Erde leben würde, so ergäben sich Fragen über Fragen, auf die man keine *plausible* Antwort finden könnte. Selbstverständlich bleibt auch die Kirche diese Antworten schuldig. Sie kann allenfalls mit Floskeln aufwarten.

2.1 Warum bekommen die Menschen so unterschiedliche Voraussetzungen für ihr Erdenleben?

Ein solches Ziel, eine solche *ewige* Seligkeit in Glück, Frieden und Gemeinschaft mit anderen Gerechten, ohne sich dann noch anstrengen, mühen und plagen zu müssen, wie man es den Lehren des Katholizismus über das nachtodliche Leben entnehmen kann (☞ Kapitel 1, S. 9f.), dürfte vielen Menschen sehr erstrebenswert und sympathisch erscheinen, zumal jeder aufgrund der recht dürftigen Darstellungen, die viel Raum für Spekulationen lassen, noch seine ganz persönlichen Wünsche und Hoffnungen hineinmischen kann.

Wenn das wirklich das Endziel der Menschen *wäre*, so könnte man sich *auf den ersten Blick* durchaus auch vorstellen, dass zu seiner Erreichung *ein einziges* Erdenleben ausreichend sein könnte, sofern man sich weitgehend an die üblichen christlichen Normen hält, also wenn man sich zu Gott und Christus bekennt, die »Zehn Gebote« beachtet, nach dem höchsten christlichen Gebot der Nächstenliebe lebt und vielleicht noch die anderen Auflagen und Kriterien beachtet, die von der katholischen Kirche als sogenannte »Kirchengebote« vorgegeben werden. Dagegen kann natürlich überhaupt nichts eingewendet werden, wenngleich bei den Kirchengeboten nicht zu übersehen ist, dass diese weder mit der Eigenverantwortlichkeit noch mit dem freien Willen der Gläubigen rechnen.

Aber selbst wenn das soweit alles den Tatsachen entspräche, ergäben sich immer noch Fragen über Fragen, die ein Vertreter dieser Anschauung wohl kaum befriedigend beantworten könnte.

Wenn beispielsweise dieses *einzige* Erdenleben für die Menschen das entscheidende Prüfungsfeld darstellt, das über ihr *ewiges* Schicksal entscheidet, dann müssten doch wohl alle gleiche oder zumindest vergleichbare Chancen haben.

Das ist aber ganz offensichtlich keineswegs der Fall!

Betrachten wir etwa einen Menschen, der das ›Glück‹ hat, getauft worden zu sein und dann schon in seinen ersten Lebenstagen stirbt. Nehmen wir einen zweiten Menschen, der in ein sozial übles Milieu hineingeboren wird und nicht die ›Gnade‹ erwiesen bekommt, früh zu sterben. Der erste hat überhaupt keine Möglichkeit, gegen die ihm von Gott oder wem auch immer gemachten Auflagen zu verstoßen, er kommt gar nicht dazu, zu sündigen. Er müsste also in den Himmel aufgenommen werden, obwohl er nichts dazu beigetragen hat, obwohl er keine Verdienste erworben hat. Der andere hat vielleicht trotz aller Bemühungen aufgrund seiner Herkunft, seiner Erziehung und seines sozialen Umfeldes gar nicht die Möglichkeit, sich an all diese Gebote und Auflagen zu halten. Diesem wäre doch wohl der Himmel – zumindest zunächst – versperrt.

Wir müssen gar nicht so ein extremes Beispiel wählen, um die fehlende Chancengleichheit zu dokumentieren. Betrachten wir einen ganz normalen, durchschnittlichen Menschen, der in eine moderne Großstadt hineingeboren wird. Selbst wenn dieser sich zum Christentum bekennt, ist er doch ganz anderen Anfechtungen und Verlockungen ausgesetzt als jemand, der schon als Kind stirbt oder in solchen Verhältnissen aufwächst, in denen es ein Leichtes ist, gottgefällig zu leben. Von Chancengleichheit kann doch wohl nicht die Rede sein. Jeder gute und vernünftige (menschliche) Vater bzw. Lehrer gibt seinen Kindern bzw. Schülern die gleichen Chancen und Möglichkeiten. Umso mehr darf man das von einem gütigen, gerechten Gott erwarten. Auf solche Ungereimtheiten angesprochen, flüchten sich Kirchenvertreter gern wieder einmal in nebulöse Ausreden wie »Gottes Wege sind unergründlich« oder »Gott wird dann später nach dem Tod der Menschen schon irgendwie die unterschiedlichen Startchancen kompensieren«. Vielleicht führt Gott ja ein Bonussystem ein!

Um wie viel weniger vergleichbar sind erst die Voraussetzungen, welche die Menschen hatten, die vor Tausenden oder Zigtausenden Jahren auf der Erde weilten, von denen, die wir heute haben oder von jenen, welche die Menschen in weiteren Tausenden von Jahren erwarten werden? Wie kann man etwa das Leben eines Steinzeitmenschen mit dem eines heutigen Menschen vergleichen? Welche Auflagen musste ein Neandertaler erfüllen, um sich für die ewige Seligkeit zu qualifizieren? Sollten wir etwa nach dem sogenannten »Jüngsten Tage«, also am Ende der Erdenzeit, noch am Auferstehungsleib erkennen können, dass jemand sich als Neandertaler verkörpert hat?!

Selbst wenn man das Ziel, das die Menschen erreichen können, so ›niedrig‹ ansiedelt, kann man all diese Fragen nicht befriedigend beantworten, ohne von einer wie auch immer gearteten Präexistenz der Seele ausgehen zu müssen. Vielleicht mag es den einen oder anderen Leser irritiert haben, dass das oben skizzierte Menschheitsziel, das beseligende und beglückende Leben in einer himmlischen Sphäre erreichen zu können, hier als »niedrig« bezeichnet wurde. Ja kann man sich denn wirklich vorstellen, dass die göttlichen Schöpfermächte vor Urzeiten den Menschen als ursprünglich geistiges Wesen geschaffen haben, diesen dann seine Erdenlaufbahn absolvieren lassen, um dann in fernster Zukunft wieder ein geistiges Wesen zu haben, das nicht sehr viel mehr zu tun hat, als seinen Schöpfer in dem oben erwähnten trivialen Sinne zu preisen und ihm zu dienen? Kann das wirklich alles sein, wozu der Mensch vor Urzeiten geschaffen wurde? Die Theologen und Kirchenvertreter sehen in dem Menschen zu sehr das armselige Geschöpf, das durch den Sündenfall aus geistigen Höhen vertrieben wurde, um eines fernen Tages durch eigenes Verhalten, aber insbesondere durch göttliche Gnade – und womöglich sogar durch die Vermittlung der ›heiligen‹ Kirche – wieder in diese Höhen aufgenommen werden zu können.

2.2 Warum müssen manche Menschen ein so schweres Schicksal tragen?

Wohl jeder Leser kennt aus seinem Lebensumfeld den einen oder anderen Menschen, der ein sehr schweres Schicksal zu tragen hat. Denken Sie etwa an ein Kind, das mit einer schweren körperlichen oder ›geistigen‹ Behinderung geboren wurde und das niemals ein normales Leben führen kann. Genauso gut könnte man in diesem Fall an die Eltern denken, deren Los ja auch sehr hart ist. Oder denken Sie an einen Menschen, der Opfer eines Verbrechens oder einer Naturkatastrophe wurde. Oder nehmen wir einen Menschen, der ein Kind durch frühen Tod verliert, oder jemanden, der aufgrund häufiger oder schwerer Krankheiten kaum ein geregeltes und normales Leben führen kann. Wie wollte man erklären, ohne die Vorstellung an einen gerechten Gott aufgeben zu müssen, warum manche Menschen so schwere Schicksalsschläge ereilen, während andere ohne große Sorgen und Nöte durchs Leben gehen können?

Wie könnte jemand, der nicht mit dem Reinkarnations- und dem ganz eng damit verbundenen Karma- oder Schicksalsgesetz, auf das wir an späterer Stelle etwas näher eingehen werden (☞ Kapitel 4, S. 40ff.), rechnet, solche Schicksale erklären? Wie würde also etwa ein Pfarrer, der fest auf dem Boden seines katholischen oder evangelischen Glaubens steht, erklären, warum Gott ein schwer behindertes Kind zur Welt kommen ließ? Aus menschlicher Sicht scheint das ja eine große Ungerechtigkeit, ein Akt göttlicher Willkür zu sein. Nun wird aber keiner, erst recht kein Pfarrer, Gott unterstellen, er sei ungerecht. Und schon ist er in der Zwickmühle! Jetzt muss er sich eine Erklärung regelrecht aus den Fingern saugen. Vermutlich wird er dann zu der beliebten Floskel »Wen Gott liebt, den prüft er hart« greifen. Heißt das im Umkehrschluss etwa, dass Gott einen Menschen, der kein hartes Schicksal hat, nicht liebt?! Weiter wird er beispielsweise sagen, dass dieses Kind, wenn es später einmal sterbe, sofort mit der ewigen Seligkeit belohnt werde. Wenn er sehr bibelfest ist, wird er auch noch einen passenden Vers zitieren, der diese Erklärung zu untermauern *scheint*. Etwas wesentlich anderes kann er eigentlich gar nicht sagen.

So unsagbar hart und beschwerlich auch immer das Leben eines Menschen sein mag, der mit einer schweren Behinderung geboren wird, wäre das aber letztlich ein eher ›einfacher Weg‹, um sich für die *ewige* Seligkeit zu qualifizieren. Außerdem wäre die Gerechtigkeit Gottes nach wie vor in Frage gestellt. Man könnte ja zumindest fragen, warum Gott es diesem Menschen so ›leicht‹ mache, sich die ewige Seligkeit zu verdienen, während die große Mehrheit der Menschen sich Tag für Tag abmühen muss und den verschiedensten Verlockungen, Anfeindungen und Versuchungen ausgesetzt ist.

Wie auch immer – solche Schicksale kann man nicht erklären, ohne die Lehren über die Reinkarnation und das Karma heranzuziehen. Wenn man diese Gesetze nicht kennt und nicht berücksichtigt, müsste man an solchen Fragen eigentlich geradezu verzweifeln.

2.3 Wie lässt sich erklären, dass manche Menschen mit ganz herausragenden Fähigkeiten auf die Welt kommen?

Es ist ja nicht zu übersehen, dass zwei unterschiedliche Menschen, die man beobachten kann, recht verschieden voneinander sein können. Hierbei soll nicht so sehr an solche Unterschiede gedacht werden, die sich dem bloßen Auge des Beobachters offenbaren. Es geht also nicht darum, dass der eine klein, der andere groß gewachsen ist, dass der eine blaue, der andere braune Augen hat usw. Solche rein *körperlichen* Unterschiede sind ja weitgehend mit den unterschiedlichen Erbanlagen zu erklären. Sie stellen also kein Mysterium mehr dar. Denken Sie vielmehr an solche Unterschiede, die eher *geistig-seelischer* Art sind und die sich nicht zwingend notwendig auf unterschiedliche Vererbungsströme zurückführen lassen. Wie unterschiedlich sind die Menschen, wenn Sie etwa an intellektuelle Fähigkeiten, spezifische Begabungen und Talente, Temperamente, Neigungen und dergleichen denken.

Betrachten wir ein sehr extremes Beispiel: Nehmen Sie auf der einen Seite einen Menschen eines unzivilisierten Naturvolkes oder auch einen sehr einfältigen, schlichten Menschen aus unserem Kulturkreis und auf der anderen Seite eines der großen Genien wie etwa *Goethe* oder *Schiller*. Neben diesen jedem bekannten großen Persönlichkeiten der Menschheitsgeschichte kann man auch an zahlreiche weitere Menschen denken, die zum Teil schon in früher und frühester Kindheit höchst erstaunliche und zum Teil geradezu unglaubliche Fähigkeiten zeigten. Da man sich diese Genialität nicht erklären kann, bezeichnet man sie als »Wunderkinder«. Einige von ihnen sind der breiten Öffentlichkeit bekannt. Von anderen haben die meisten noch nie etwas gehört, was meistens daran liegt, dass diese Wunderkinder schon sehr früh starben.

Wir wollen im Folgenden einige dieser Persönlichkeiten in chronologischer Reihenfolge ihrer Geburtsjahre kurz vorstellen. Dabei werden wir uns im Wesentlichen auf diejenigen Leistungen beschränken, welche diese schon in ihrer Kindheit vollbrachten. Diese Informationen kann heute jeder im Internet, z. B. bei *»Wikipedia«* finden.

Blaise Pascal (1623 bis 1662)

wurde am 19. Juni 1623 in Clermont-Ferrand (Frankreich) geboren.

Er war ein französischer Mathematiker, Physiker und Philosoph, der jedem, der sich etwas näher mit der Mathematik befasst, bekannt ist. Zahlreiche mathematische Theoreme gehen auf ihn zurück. Nicht zuletzt ist er der Erfinder der mechanischen Rechenmaschine.

Er war gerade einmal neun Jahre alt, als er eine Abhandlung über schwingende Körper schrieb.

Bekanntheit erreichte er insbesondere durch den *»Satz von Pascal«,* der eine Aussage über ein Sechseck auf einem Kegelschnitt in einer projektiven Ebene macht. Er war zu diesem Zeitpunkt gerade einmal sechzehn Jahre alt.

✳ ✳ ✳ ✳ ✳ ✳ ✳ ✳ ✳ ✳ ✳ ✳ ✳

Sor Juana Inés de la Cruz, eigentlich: **Juana de Asbaje y Ramirez**
(1648 bis 1695)

wurde am 12. November 1648 in San Miguel Nepantia (Mexiko) – vermutlich als uneheliches Kind – geboren.

Schon im Alter von drei Jahren lernte sie lesen und studierte bereits in ihren frühen Jugendjahren Werke der Philosophie, Astronomie und Medizin.

Als sie sechzehn Jahre alt war, wurde das hochbegabte Mädchen von der Gattin des Vizekönigs von Neuspanien, Antonio Sebastián de Toledo, entdeckt, die sie an ihren Hof nach Mexiko-Stadt holte. Dort schrieb Juana unzählige Auftragsarbeiten für den Hof und die Kirche. So wurde sie früh zu einer bedeutenden Literatin, die heute zu den wichtigsten lateinamerikanischen Poeten des 17. Jahrhunderts zählt.

✳✳✳✳✳✳✳✳✳✳✳✳

Jean Philippe Baratier (1721 bis 1740)

erblickte am 19. Januar 1721 in Schwabach als Sohn eines reformierten Pfarrers das Licht dieser Welt.

Im Alter von drei Jahren konnte er lesen und schreiben. Als Vierjähriger sprach er Deutsch und Französisch. Mit fünf Jahren beherrschte er Latein, mit sieben Jahren Griechisch und Hebräisch. Später kamen noch Arabisch, Chaldäisch und Syrisch hinzu. Von seinem sechsten Lebensjahr an stand er in einem umfangreichen Briefwechsel mit dem Schweizer Theologen Jean Henry Le Maitre.

Großes Aufsehen erregte er mit seiner Übersetzung eines hebräischen Reiseberichts aus dem Mittelalter, den er mit eigenen Kommentaren versah. Jean Philippe befasste sich mit Büchern der Rabbiner und der Geisteswissenschaft, worüber er als Zehnjähriger mehrere Werke verfasste.

Mit elf Jahren immatrikulierte er sich an der Nürnberger Universität. Er studierte Astronomie und Mathematik. Während seines Studiums erwies er ungeahnte Fähigkeiten und entdeckte einige neue Rechenwege.

Mit vierzehn Jahren wurde er zum jüngsten Mitglied der Preußischen Akademie der Wissenschaften ernannt. Gleichzeitig begann er in Halle ein Jurastudium. Als Siebzehnjähriger hielt er Vorlesungen an der Universität.

Sein Wissen und seine Erkenntnisse veröffentlichte er in Zeitungen und Büchern.

Er starb mit 19 Jahren an Krebs.[2]

✳✳✳✳✳✳✳✳✳✳✳✳

Christian Heineken (1721 bis 1725)

kam am 6. Februar 1721 in Lübeck zur Welt.

Bereits mit wenigen Monaten konnte er komplizierte Sätze in Plattdeutsch und in Hochdeutsch, die er aufschnappte, fehlerfrei wiedergeben. Etwas einmal Gehörtes vergaß er nie wieder, auch wenn es in Französisch oder Latein gesprochen war.

Im Alter von zehn Monaten war er in der Lage, alle Gegenstände zu benennen und Bilder zu erklären. Bald darauf konnte er lesen und zeichnete sich durch eine enorme Gedächtnisleistung aus. So konnte er mit 14 Monaten das Alte Testament und einige Wochen später auch das Neue Testament sowie 200 Kirchenlieder auswendig rezitieren.

Darüber hinaus zeigte er ein breit gefächertes geografisches, mathematisches und geschichtliches Wissen.

Als Zweijähriger beherrschte er die lateinische und französische Sprache. Ein Jahr später verfasste er eine Geschichte Dänemarks.

Seine Eltern waren mit dem Knaben ständig auf Reisen, so dass er auch mit vielen berühmten Zeitgenossen zusammenkam. Immanuel Kant nannte ihn *»frühkluges Wunderkind von ephemerischer Existenz«* und sprach von einer *»Abschweifung der Natur von ihrer Regel«.* Der dänische König Friedrich IV., der ihn im September 1724 in einer Audienz empfing, bezeichnete ihn als ein *»Miraculum«.*

Heineken verstarb bereits im Alter von vier Jahren nach mehrmonatiger Leidensphase, vermutlich an der damals noch unbekannten Zöliakie.[3]

✻✻✻✻✻✻✻✻✻✻✻✻✻

Wolfgang Amadeus Mozart (1756 bis 1791)

wurde am 27. Januar 1756 in Salzburg geboren.

Mozart war einer der erstaunlichsten Musiker und Komponisten aller Zeiten. Er genießt heute weltweite Popularität.

Schon im Alter von drei Jahren machte er seine ersten Kompositionsversuche. Mit acht Jahren komponierte er sein erste Sinfonie.

Durch seine frühen Konzertreisen durch Europa wurde er mit zahlreichen Musikstilen bekannt. Seine vollendeten Kompositionen, die er schon in jungen Jahren schuf, sind in der Musikgeschichte einzigartig. Albert Einstein adelte ihn einmal mit der Aussage: *»Man kann nicht über die Menschheit verzweifeln, wenn man weiß, dass Mozart ein Mensch war.«*

Eine weitere unfassbare Leistung ist von dem vierzehnjährigen Mozart überliefert: Gregori Allegri (1582 bis 1652), der Komponist mehrerer geistlicher Werke, schuf sein vielleicht bekanntestes Werk *»Miserere«.* Diese mehrstimmige Vokalkomposition wurde bis 1870 jedes Jahr in der Karwoche vom päpstlichen Chor gesungen. Der Notentext wurde lange Zeit streng gehütet, bis ihn der junge Mozart nach *einmaligem* Hören aus dem Gedächtnis aufschrieb.[4]

✻✻✻✻✻✻✻✻✻✻✻✻✻

Carl Friedrich Gauß (1777 bis 1855)

kam am 30. April 1777 in Braunschweig zur Welt.

Er gilt heute als der vielleicht größte Mathematiker seit der Antike. Bereits zu seinen Lebzeiten galt er aufgrund seiner überragenden wissenschaftlichen Leistungen als *»Fürst der Mathematiker«*.

Von ihm sind einige Begebenheiten überliefert, die von seiner Genialität zeugen, die schon in seiner Kindheit aufblitzte.

So entdeckte und korrigierte er im Alter von drei Jahren einen Fehler in der Lohnabrechnung seines Vaters. Zwei Jahre später war der junge Gauß so versiert in finanziellen Angelegenheiten, dass er regelmäßig die Buchführung seines Vaters überprüfte.

Das im Folgenden erwähnte Ereignis, mit dem er als Siebenjähriger in der Schule für großes Aufsehen sorgte, dürfte vielen Lesern bekannt sein. Der Mathematiklehrer gab den Schülern die Aufgabe, die ersten 100 natürlichen Zahlen zu addieren, also $1 + 2 + ... + 99 + 100$ und ihm dann das Ergebnis zu nennen. So hoffte er bis zum Ende der Unterrichtsstunde seine Ruhe zu haben. Doch Gauß erkannte blitzschnell die Lösung, mit der er sich das aufwendige Addieren sparen konnte. Er bemerkte, dass es 50 Zahlenpaare gibt, deren Summe jeweils 101 ergibt: 1 und 100, 2 und 99, 3 und 98, ..., 50 und 51. Nun musste er nur noch 50 mit 101 multiplizieren, so dass er fast augenblicklich auf die korrekte Gesamtsumme von 5.050 kam.

Daraus entstand dann die heute jedem Schüler bekannte *»Gaußsche Summenformel«* zur Addition der ersten n natürlichen Zahlen: $(n^2 + n) / 2$.

✳✳✳✳✳✳✳✳✳✳✳✳✳✳

John Stuart Mill (1806 bis 1873)

wurde am 20. Mai 1806 im Norden Londons geboren.

Einen Namen machte er sich als liberaler Denker, Philosoph, Politiker und Sozialreformer.

Bereits als Dreijähriger beherrschte er die griechische Sprache. Als er acht Jahre alt war, begann er damit, seinen jüngeren Geschwistern Latein beizubringen. Mit zehn Jahren hatte er alle wichtigen Werke der griechischen Philosophen und auch der römischen Philosophen in der lateinischen Urfassung gelesen.

Im Alter von dreizehn Jahren setzte er sich mit verschiedenen Theorien der politischen Ökonomie auseinander.

Als Vierzehnjähriger reiste er nach Montpellier, wo er Chemie, Zoologie, Mathematik und Metaphysik studierte.

✳✳✳✳✳✳✳✳✳✳✳✳✳✳

Aber auch in unserer heutigen Zeit gibt es etliche junge Menschen, die über höchst erstaunliche Fähigkeiten verfügen.

Kim Ung-yong (geb. 1962)

wurde am 8. März 1962 in Seoul (Südkorea) geboren.

Der Intelligenz-Quotient (IQ) des Kernphysikers und erfolgreichen Bauingenieurs wurde auf über 210 geschätzt. Mit diesem bisher höchsten gemessenen Wert steht er im *»Guinness-Buch der Rekorde«*.

Das Wunderkind konnte sich bereits im Alter von sechs Monaten unterhalten. Als Einjähriger lernte Kim gleichzeitig Koreanisch sowie über 1.000 chinesische Schriftzeichen. Mit vier Jahren konnte er Texte in vier Sprachen lesen.

Als er fünf Jahre alt war, sprach er Koreanisch, Englisch, Deutsch, Französisch und Japanisch.

Mit acht Jahren zog er in die USA, wo er Kernphysik studierte.

❊❊❊❊❊❊❊❊❊❊❊❊

Terence Tao (geb. 1975)

kam am 17. Juli 1975 in Adelaide (Australien) zur Welt.

Er wurde schon früh als mathematisches Wunderkind bekannt und als *»Mozart der Mathematik«* bezeichnet.

Bereits im Alter von zwei Jahren galt er als ein Experte in der Arithmetik. Als er acht Jahre alt war, erreichte er ein *»SAT-Testresultat«* im Teilgebiet Mathematik, das dem eines überdurchschnittlichen Studienanfängers entspricht.

Mit neun Jahren begann er, Mathematik auf Universitäts-Niveau zu studieren. Im Alter von zehn Jahren war er im Jahre 1986 der bisher jüngste Teilnehmer bei der *»Internationalen Mathematik-Olympiade«*, bei der er die Bronzemedaille gewann. In den beiden darauffolgenden Jahren gewann er erst die Silber-, dann die Goldmedaille.

Als Siebzehnjähriger schloss er sein Mathematikstudium mit einem *»Master«* ab. Drei Jahre später bekam er einen Doktortitel.

❊❊❊❊❊❊❊❊❊❊❊❊

Taylor Ramon Wilson (geb. 1994)

wurde am 7. Mai 1994 in Texakarna (Arkansas, USA) geboren.

Er fing schon sehr früh an, auf physikalischem Gebiet zu experimentieren, wobei ihn insbesondere die Radioaktivität und die Kerntechnik anzogen.

Als Vierzehnjähriger sorgte er für Schlagzeilen, als er als jüngster Mensch einen funktionierenden innovativen Kernfusionsreaktor baute. Anschließend entwarf Taylor Wilson einen kompakten Strahlungsdetektor für die Sicherheitskontrolle an Flughäfen.

Dank seines großen Talents wurde er schon früh an der *»Davidson Academy of Nevada«* für hochbegabte Schüler akzeptiert, wo er mit hochrangigen Wissenschaftlern in Kontakt kam.

Heute ist er ein renommierter Nuklearphysiker.

❋❋❋❋❋❋❋❋❋❋❋❋❋

Aelita Andre (geb. 2007)

wurde am 9. Januar 2007 in Melbourne (Australien) geboren.

Sie begann bereits zu malen, bevor sie ein Jahr alt war. Sie galt im Alter von zwei Jahren als die mutmaßlich jüngste Malerin der Welt, deren Bildern eine Einzelausstellung gewidmet war.

Im Alter von vier Jahren stellte die junge Malerin ihre Werke in einer Galerie in New York City aus.

Bekannt wurde sie, weil ihre Bilder, die mit bis zu 50.000 US-Dollar gehandelt werden, trotz ihres kindlichen Alters hohe Preise erzielen und ihre Kunst in renommierten Häusern ausgestellt wurde.

❋❋❋❋❋❋❋❋❋❋❋❋❋

Wie könnte nun ein Kirchenvertreter diese unfassbaren Begabungen erklären? Vermutlich würde er wieder zu einer Floskel greifen müssen, wie etwa: »Den Seinen gibt's der Herr im Schlafe!«

2.4 Wie kann man eine *wirkliche* Erklärung für solche genialen Fähigkeiten finden?

Wie kann man nun eine Erklärung für all diese Phänomene finden, ohne den Glauben an einen gerechten Gott aufgeben zu müssen? Wie kann man die oben beschriebenen genialen Fähigkeiten, die manche Menschen aufweisen, erklären? Sofern man nicht gerade von einem nebulösen Zufallsprinzip oder einem Wunder ausgehen möchte, gibt es *drei* Ansätze, solchen Phänomenen auf die Spur zu kommen.

2.4.1 Die Lehre des Generatianismus

Im altchristlichen »Traduzianismus« wurde, namentlich durch Tertullian (nach 150 bis nach 220), die Meinung vertreten, dass die menschliche Seele durch die elterliche Zeugung entstehe. Man war der Auffassung, dass dem Menschen durch ein menschliches »Fortpflanzungsmittel materieller Art« die Seele aus der Seele der Eltern mitgegeben werde. Diese These wird »Generatianismus« genannt. Somit wurde auch unterstellt, dass alle geistig-seelischen Fähigkeiten, die einen Menschen auszeichnen, von denen der Vorfahren abzuleiten seien, also ererbt würden. Leib und Seele wurden als eine *untrennbare* Einheit aufgefasst.

Diese Lehre wurde von der katholischen Kirche mehrfach verurteilt. Im christlichen Glauben spielt diese Hypothese seit geraumer Zeit keine Rolle mehr. Allerdings wird sie in der heutigen Zeit noch von vielen Wissenschaftlern in etwas modifizierter Form vertreten. Die Modifikation besteht im Wesentlichen darin, dass sie die Seele nicht als eigenständiges Wesensglied, das immaterieller Natur ist, anzuerkennen bereit sind, sondern dass sie alle geistig-seelischen Fähigkeiten und Ausprägungen als etwas betrachten, das physischer Natur ist und letztlich etwa mit Funktionen des Gehirns oder des Nervensystems zu erklären sei. Ein Verfechter dieser Theorie führt also auch die genialen Fähigkeiten eines Goethe oder Mozart sowie die der vielen Wunderkinder auf Erbanlagen zurück, die sie ihren Vorfahren verdanken.

Wenn diese These unzweifelhaft richtig sein sollte, müsste man das doch im Einzelfall nachweisen können. Man müsste also zeigen können, dass etwa die Eltern, Großeltern oder Urgroßeltern von Goethe oder Mozart oder all der anderen großen Genien und Wunderkinder über ähnlich geniale Anlagen verfügt hätten. Vererben kann man doch wohl nur das, was man selbst besitzt. Man kann beispielsweise nicht erwarten, dass ein Kind später einmal eine große, stattliche Figur bekommt, wenn seine Vorfahren klein und zierlich waren. Wenn Sie nun die Biografien einiger Genien studieren, werden Sie feststellen, dass deren Vorfahren sehr häufig nicht einmal ansatzweise über diejenigen Fähigkeiten verfügten, die solche Genien in hohem Maße auszeichneten. Die Vorfahren vieler großer Musiker wiesen keine sonderliche musikalische Begabung auf. Auch die Eltern Goethes besaßen nicht die denkerischen und dichterischen Fähigkeiten, die ihn berühmt machten.

Es soll ja gar nicht bestritten werden, dass eine *gewisse* Art der Vererbung sehr wohl vonnöten ist, damit sich etwa solche genialen Fähigkeiten manifestieren können. So ist zum Beispiel jemand, der mit einer großen musikalischen Begabung auf die Welt kommt, darauf angewiesen, dass er von seinen Vorfahren ein gutes Gehör – ein sogenanntes »musikalisches Ohr« – vererbt bekommt, damit er sein Talent ausleben kann. Ein Klaviervirtuose bedarf zusätzlich vielleicht noch der Vererbung besonders langer, zartgliedriger Finger. Dass Talent nicht vererblich ist, stellte auch Goethe 1831 in seinen Gesprächen mit Eckermann fest, als er sagte: *»Das Talent ist freilich nicht erblich, allein es will eine tüchtige physische Unterlage.«*

Um zu untermauern, dass die Lehre des Generatianismus nicht haltbar ist, muss man nicht unbedingt auf so extreme Situationen verweisen, wie sie sich im Falle eines Genies ergeben. Wie unterschiedlich können etwa zwei Geschwister sein, was ihre geistig-seelischen Fähigkeiten angeht! Es kommt doch nur allzu oft vor, dass eines von zwei Geschwistern, die beide in derselben Umgebung aufgewachsen und von denselben Menschen erzogen und umsorgt worden sind, geistig sehr rege ist, in der Schule gut vorankommt, an allem, was die Welt bietet, reges Interesse zeigt, während das andere geradezu stumpfsinnig ist. Wenn wir auf uns selbst, unsere Eltern, Partner, Kinder oder Freunde schauen, werden wir bei fast allen gewisse Begabungen feststellen, die vielleicht nicht so spektakulär sind wie die eines Genies oder Wunderkindes, die aber doch höchst bemerkenswert und nicht so ohne weiteres erklärbar sind und die bei ihren Vorfahren definitiv nicht vorhanden sind, also nicht auf dem Wege der Vererbung erworben sein können. Oftmals handelt es sich dabei um ganz *natürliche*, sozusagen angeborene Fähigkeiten, die nicht in einer Ausbildung oder einem Studium erworben wurden.

So hat einer vielleicht einen besonders ausgeprägten »grünen Daumen« und kann – ohne dass er es gelernt oder studiert hätte – mit Pflanzen so gut umgehen, dass auch die empfindlichsten unter ihnen bestens gedeihen.

Ein anderer kann aufgrund seiner Empathie und seines Einfühlungsvermögens beruhigend – möglicherweise sogar heilend – auf Tiere und Menschen wirken.

Ein Dritter hat ein so ausgezeichnetes handwerkliches Geschick, dass er die tollsten Gegenstände baut oder repariert, was sogar einem gelernten Fachmann zur Ehre gereichen würde.

Ein Vierter hat vielleicht eine Begabung, die leicht unterschätzt werden könnte. Er verfügt über eine derart starke physische Robustheit und Zähigkeit sowie über große Ausdauer und Willensstärke, dass er fast sein ganzes Leben lang im Hoch- oder Tiefbau oder gar in einem Bergwerk schuftet, ohne gleich zu klagen oder gar alles hinzuwerfen, wenn ihm immer wieder einmal alle Knochen wehtun.

Diese Liste könnte man fast endlos fortsetzen. Man muss gewiss nicht lange suchen, um in seiner eigenen Familie oder seinem Bekanntenkreis Menschen zu finden, die über ein ganz besonderes Talent verfügen, das ihre Eltern und Großeltern *nicht* aufweisen.

Das, was ein Mensch von seinen Vorfahren erben kann, sind im Grunde nur physische, körperliche Anlagen. Es ist *im Wesentlichen* nur die gesamte physische Konstitution eines Menschen, die er – zumindest bis zu einem hohen Grad – von seinen Vorfahren auf dem Wege der Vererbung erhält. Anlagen und Fähigkeiten, die geistig-seelischer Natur sind, können nicht mit Vererbung erklärt werden. Die in unserer heutigen Zeit weit verbreitete These, *alles* sei eine Frage der Gene, entspringt einer ebenso bequemen wie falschen Denkrichtung. Auch die Meinung vieler Psychologen, dass bestimmte Fähigkeiten vom Umfeld oder der Umgebung abhängig seien, in denen die jeweilige Person aufgewachsen ist, kann in den meisten Fällen nicht als ausschlaggebende Erklärung in Betracht gezogen werden, wie das Beispiel mit den Geschwistern zeigt.

2.4.2 Die Lehre des Kreatianismus

Der Lehre des Generatianismus wurde von der katholischen Kirche die des »Kreatianismus« entgegengestellt. Sie stellt auch heute die lehramtliche Auffassung der Kirche dar. Gemäß dieser Theorie erzeugt Gott jede einzelne Seele, welche die Kirchenvertreter meistens als »Geistseele« bezeichnen, aus dem ›Nichts‹ und verbindet sie mit den *»durch die Zeugung verschmolzenen elterlichen Zellen«*. Die Seele wird also gemäß dieser Lehre in den sich bildenden Leib eingefügt.

Im Katechismus der katholischen Kirche heißt es:

> *Die Kirche lehrt, dass jede Geistseele unmittelbar von Gott geschaffen ist – sie wird nicht von den Eltern ›hervorgebracht‹ – und dass sie unsterblich ist: Sie geht nicht zugrunde, wenn sie sich im Tod vom Leibe trennt, und sie wird sich bei der Auferstehung von neuem mit dem Leib vereinen.*
>
> Nr. 366, S. 124

Die Kirche lehrt bis zum heutigen Tag, dass der Herrgott *jede* Seele im Zuge der menschlichen Zeugung *neu* erschaffe. Also können die Menschen, wenn sie die Laune zu einem Zeugungsakt haben, der dann zu einer Befruchtung führt, den Herrgott zu ihrem Diener machen, indem er eine Seele erzeugen muss. Man braucht nur ein wenig darüber nachzudenken, um erkennen zu können, wie absurd diese Anschauung ist! Auf solche Ungereimtheiten angesprochen greifen Kirchenvertreter meistens wieder zu den üblichen Floskeln.

Der amerikanische Autor James Morgan Pryse (1859 bis 1942) drückte die Fragwürdigkeit dieser These wie folgt aus: *»Das Seltsame dieser Theorie wird* *sofort offensichtlich, weil sich natürlich darin, dass sterbliche Körper die zeitlichen Wohnungen für unsterbliche Seelen werden, eine lächerliche Widersinnigkeit zeigt insofern, als zugunsten jedes sterblichen Körpers, der zufällig gezeugt wird, eine unsterbliche Seele geschaffen werden muss.«*[5]

Nehmen wir einmal für einen Augenblick an, dass die kirchliche Lehre den Tatsachen entspräche. Was hätte das für Konsequenzen?

Wenn Gott wirklich jede Seele aus dem Nichts heraus schaffen sollte, so muss man ja wohl unterstellen, dass jede Seele zunächst ein völlig unbeschriebenes Blatt darstellt. Eine so geschaffene Seele kann im Sinne dieser Lehre noch keine Erfahrungen gesammelt haben und noch keine spezifischen Fähigkeiten besitzen. Jede Seele beginnt ihren Lebensweg am gleichen Startpunkt, sozusagen bei »Null«. Umso dringlicher stellt sich dann die Frage, woraus diese unterschiedlichen geistig-seelischen Fähigkeiten, die wir bei den Menschen beobachten können, resultieren. Wie kann man unter diesen Voraussetzungen etwa das Genie Goethes oder die unglaublichen Fähigkeiten der vielen Wunderkinder erklären? Man könnte jetzt natürlich wieder Gedanken des Generatianismus hinzumischen, etwa in der Art, dass man sagt, die Seelen würden zwar alle ohne Erfahrungen und spezielle Fähigkeiten von Gott geschaffen, sie besäßen aber die Disposition, das Erbgut ihrer Vorfahren aufzunehmen. Dann wären wir aber wieder bei der bereits entkräfteten These, dass auch geistig-seelische Fähigkeiten vererblich seien.

Wie kann man mit dieser kirchlichen Lehrmeinung zurechtkommen, nachdem man die Vererbungs-Phantasien verworfen hat? Wenn man ausschließt, dass geistig-seelische Fähigkeiten auf dem Vererbungswege entstehen können, andererseits aber annimmt, die Seelen seien neu geschaffen, besäßen also noch keine Erfahrungen und Vorleistungen oder dergleichen, so kann man doch nicht umhin zu unterstellen, Gott habe den Seelen bei ihrer Schaffung unterschiedliche Voraussetzungen mit auf den Weg gegeben. Dieser Schluss, so hart er auch klingen mag, erscheint zwingend, sofern man nicht an ein Zufallsprinzip oder an ein Wunder glauben mag. Diese These verträgt sich aber in keiner Weise mit dem christlichen Glauben, der mit Recht von einem gütigen, väterlichen und *gerechten* Gott spricht. Was könnte das mit Gerechtigkeit zu tun haben, wenn die eine Seele mit den Dispositionen geschaffen würde, die es ihr ermöglichen, als großes Genie aufzuleuchten, während eine andere so erschaffen wird, dass ihr im Extremfall ein Leben – wohlgemerkt *ein einziges* Leben! – in Dumpfheit nicht erspart bleiben kann? Wie könnte man solche Fragen beantworten, ohne zu Floskeln wie »Gottes Wege sind unergründlich!« zu greifen?

2.4.3   Die Präexistenz der menschlichen Seele

Wenn man sich zu der Ansicht durchgerungen haben sollte, dass die beiden diskutierten Möglichkeiten doch mehr als unlogisch, ja geradezu unsinnig erscheinen, bleibt nur noch ein Erklärungsmodell übrig. Wenn geistig-seelische Fähigkeiten nicht erblich sind, und wenn das Erschaffen der Seelen, die von Beginn an mit unterschiedlichen Fähigkeiten begabt sind, mit der Vorstellung eines gerechten Gottes unvereinbar ist, bleibt nur folgende Variante: Die menschliche Seele muss sich ihre Fähigkeiten bzw. die Voraussetzungen dafür, dass sich diese Fähigkeiten manifestieren können, irgendwoher mitgebracht haben; sie muss sie in früheren Zeiten erworben haben; es muss eine Präexistenz der Seele geben. Das ist aber genau der Kern der Reinkarnations- und Karmalehre.

Kein Mensch würde behaupten, dass sich irgendwelche Tierarten aus dem Nichts entwickelt hätten. Wie jeder weiß, haben sich im Laufe der Evolution höhere Tierarten aus niedrigeren entwickelt. Es ist also kein Wunder, dass plötzlich ein Löwe, ein Elefant oder ein Affe auf der Erde auftauchte. Der erste Löwe, Elefant oder Affe ist nicht von Gott aus dem Nichts geschaffen worden. Allerdings haben immer noch viele Menschen keine Scheu zu behaupten, die menschlichen Seelen seien durch ein Wunder aus dem Nichts entstanden. Genau wie eine Tierart schon vorher in einer anderen Form da gewesen ist, so hat sich auch die Seele des Menschen aus einer Form entwickelt, die schon vorher da gewesen ist. Die Biografie eines Menschen ist in gewissem Maße die Wirkung einer vorausgegangenen, aus der sie erklärt werden kann. Die Kernaussage des Karmagesetzes ist, dass alles, was ein Mensch in seinem gegenwärtigen Leben kann und macht, nicht als ein abgesondertes Wunder zu betrachten ist, sondern als Folge mit der Daseinsform seiner Seele in früheren sowie als Ursache mit folgenden Leben zusammenhängt. Das macht einen ganz wesentlichen Unterschied zwischen Tier und Mensch aus. Einen Menschen kann man in all seinen Eigenarten und Fähigkeiten erst dann verstehen, wenn man seine individuelle Entwicklung berücksichtigt, die sich schon über viele Inkarnationen erstreckt.

Kapitel 3

Weist die Bibel auf die Reinkarnation hin?

Nach Auffassung der Theologen und Kirchenvertreter ist in der Bibel an keiner Stelle davon die Rede, dass der Mensch mehrere Male den irdischen Schauplatz betritt. Wenn die Reinkarnation eine Wahrheit wäre, so wäre ihrer Ansicht nach in aller Deutlichkeit auf sie hingewiesen worden.

Es soll in keiner Weise daran gezweifelt werden, dass in die Heilige Schrift die allerhöchsten göttlich-geistigen Wahrheiten hineingeheimnisst sind. Allerdings ist es in vielen Fällen alles andere als einfach, ihr diese Geheimnisse zu entlocken und diese mit Verständnis zu durchdringen. Die Bibel ist von einer schier unendlichen Tiefe, die nach und nach ergründet werden will. Wie tief man auch immer in sie eingedrungen sein mag, hält sie immer noch neue Aspekte und Erkenntnisse bereit. Das gestand selbst Martin Luther: *»Ich hab' nun 28 Jahre, seit ich Doktor geworden bin, stetig in der Bibel gelesen und daraus geprediget, doch bin ich ihrer nicht mächtig und finde noch alle Tage etwas Neues drinnen.«*

Es ist durchaus richtig, dass es in der Bibel kaum Stellen gibt, die man als *eindeutigen* und *unwiderlegbaren* Hinweis auf die Reinkarnation betrachten kann. Somit soll den Theologen und Kirchenvertretern auch gar kein Vorwurf gemacht werden, wenn sie behaupten, in der Bibel keine klaren Belege für das Reinkarnationsgesetz zu finden. Allerdings kann man sich nicht des Eindruckes erwehren, dass sie diese Belege nicht finden, weil sie erst gar nicht nach ihnen suchen oder weil sie bei ihrer Suche Scheuklappen tragen.

3.1 Zarte Hinweise auf die Reinkarnation im Alten Testament

Trotz der Schwierigkeit, die Bibel heute richtig verstehen zu können, soll zunächst einmal auf zwei Stellen im Alten Testament hingewiesen werden, die zeigen, dass schon einigen der alten Hebräer der Reinkarnationsgedanke nicht fremd gewesen zu sein scheint. In Psalm 90 heißt es:

> *Der Du die Menschen lässest sterben und sprichst: Kommt wieder, Menschenkinder! Denn tausend Jahre sind vor Dir wie der Tag, der gestern vergangen ist, und wie eine Nachtwache.*
>
> Psalm 90, 3f.

Im letzten der Prophetenbücher finden wir einen deutlicheren und greifbareren Hinweis:

> *Siehe, ich will euch senden den Propheten Elia, ehe denn da komme der große und schreckliche Tag des Herrn. Und er wird das Herz der Väter zu den Söhnen und das Herz der Söhne zu ihren Vätern umkehren lassen, damit ich nicht komme und das Land mit dem Bann schlage.*
>
> Maleachi 3, 23f.

Könnte das etwa nicht besagen, dass man die Vorstellung hatte, der Elias könne *wiedergeboren* werden? Es wird häufig eingeworfen, Elias könne gar nicht wiedergeboren werden, weil er nicht gestorben wäre. Man verweist auf das Alte Testament, wo es heißt, Elias sei *»in den Himmel entrückt«*[6] worden, was dann so ausgelegt wird, dass er, ohne seinen physischen Leib abzulegen, was ja beim Tod zwangsläufig eintreten muss, zu Gott in den Himmel aufgenommen worden wäre. Wie auch immer diese ›Entrückung‹ zu verstehen ist, kann man doch wohl nicht ernsthaft annehmen, dass bei Elias, und möglicherweise nur bei ihm, die kosmischen Gesetze aufgehoben worden wären! Selbst wenn dem so sein sollte, wie kann ein physischer Leib in einer geistigen Welt (Himmel) existieren?

Wenn man im obigen Vers liest, wie die Mission des ›Nachfolgers‹ Elias, der gesendet werden sollte, beschrieben wird, so erinnert diese an diejenige, die Johannes der Täufer als Wegbereiter des Christus zu erfüllen hatte. Johannes war begnadet, zu erkennen, dass es nur noch eine ganz kurze Zeit dauern werde, bis der verheißene Messias, der Christus, auf die Erde hinabsteigen werde. Die meisten Menschen der damaligen Zeit, die ihr ganzes Sinnen und Bestreben fast ausschließlich auf die materielle Welt richteten, sollten von diesem welthistorischen Ereignis Kunde erhalten. So hatte Johannes durch seine Predigten und durch die Taufe am Jordan seine Schüler auf das große Ereignis, das Erscheinen des Christus in der Erdenwelt, vorbereitet. Dieses Gefühl, diese Empfindung hatte er in ihnen erweckt. Dadurch konnten zumindest einige erkennen, dass der Geist heranrückt, der später der Christus genannt wurde. Im Prolog des Johannes-Evangeliums heißt es:

> *Es wurde ein Mensch von Gott gesandt; sein Name war Johannes. Dieser kam, um Zeugnis abzulegen. Er sollte von dem Lichte zeugen, damit in allen der Glaube erwache.*
>
> Johannes 1, 6f.

3.2 Hinweise auf die Reinkarnation im Neuen Testament

Schauen wir nun, ob es auch im Neuen Testament Anhaltspunkte oder gar Belege für die Reinkarnation gibt. Dort finden sich zunächst einmal einige Stellen, die deutlich machen, dass manchen Zeitgenossen Jesu der Gedanke der Wiederverkörperung ebenfalls nicht fremd war. Bei allen vier Evangelisten können Sie nachlesen, dass Jesus von vielen für einen der alten Propheten, etwa für Elias oder Jeremias, gehalten wurde.[7] Bei Matthäus heißt es beispielsweise:

> *Als Jesus in das Gebiet von Cäsarea Philippi zog, fragte er seine Jünger: Was sagen die Menschen, wer der Menschensohn sei? Sie erwiderten: Die einen sagen: Johannes, der Täufer, andere: Elias, andere: Jeremias oder sonst einer der Propheten.*

Matthäus 16, 13

Es ist ganz offensichtlich, dass gewisse Teile des Volkes mit der Möglichkeit rechneten, dass einer dieser längst verstorbenen Propheten abermals in Menschengestalt auf der Erde erscheinen könnte. Diese Menschen glaubten oder vermuteten also, Jesus wäre der *wiedergeborene* Elias oder Jeremias.

Gegner der Reinkarnationslehre interpretieren diese Bibelverse natürlich anders. Sie sagen, die Juden hätten damit zum Ausdruck bringen wollen, Jesus wäre in dem Geiste bzw. in der Gesinnung dieser alten Propheten erschienen oder er wäre von diesen inspiriert worden.

Dass manche Zeitgenossen des Jesus Christus die Reinkarnation offensichtlich für möglich gehalten haben, kann ihm zweifelsohne nicht verborgen geblieben sein. Falls diese Lehre nicht der Wahrheit entspräche, hätte Er dann nicht mit Nachdruck darauf verweisen müssen? Hätte Er dann nicht deutlich gesagt, dass eine Wiederverkörperung keine Weltentatsache sei? Das tut der Herr aber nicht, Er weist ganz im Gegenteil zwei Mal ganz vorsichtig auf das Gesetz der Reinkarnation hin.

Im Johannes-Evangelium wird eine Begebenheit geschildert, die auch wieder zu zeigen scheint, dass die Gesetze der Reinkarnation und des Karma den Juden zumindest bekannt waren. Es geht um die Heilung des Blindgeborenen. Seine Jünger fragen Jesus:

> *Meister, wer hat gesündigt, dieser oder seine Eltern, dass er blind geboren ist?*

Johannes 9, 2

Was könnte es für einen Sinn haben, dass die Jünger fragen, ob der Blindgeborene selbst gesündigt hat, wenn sie es nicht für möglich gehalten hätten, dass dieser schon einmal verkörpert war. Wo hätte er, der ja blind geboren wurde, sündigen können, wenn nicht in einem früheren Leben? Den Jüngern war also klar, dass ein Schicksal wie eine Blindheit nicht zufällig oder aus einer göttlichen Laune heraus auftritt. Sie wussten, dass es dafür einen konkreten Grund geben musste, dass es dazu eine Ursache geben musste, die in einer begangenen Sünde bzw. einem Fehlverhalten liegt. Die Antwort des Herrn *»Weder dieser hat gesündigt noch seine Eltern [...]«* wird von Gegnern der Reinkarnationslehre so aufgefasst, dass Er damit eindeutig sagen wollte, dass es so etwas wie Reinkarnation und Karma nicht gäbe. Dieser Schluss ist aber nicht nachvollziehbar. Wenn Jesus Christus sagt »Weder *dieser* hat gesündigt [...]«, räumt Er doch wohl eher die Möglichkeit ein, dass die Tatsache seiner Blindheit eine karmische Folge eines früheren Lebens sein *könnte*. Hätte der Gottessohn klarstellen wollen, dass es keine Reinkarnation gäbe, so hätte Er sinngemäß doch in etwa sagen müssen: »Wie, wo und wann könnte dieser gesündigt haben! Er wurde doch schon blind geboren!«

Man muss die angeführten Passagen wohl zumindest als ein starkes Indiz dafür werten, dass den Zeitgenossen Jesu der Reinkarnations- und auch der Karmagedanke (☞ Kapitel 4, S. 40ff.) nicht unbekannt waren. Man könnte vielleicht noch weitergehen und schließen, dass einige sogar davon überzeugt waren, dass die Menschen sich wieder verkörpern. Jesus Christus hat dieser Lehre nicht widersprochen.

Sowohl im Evangelium nach Matthäus[8] als auch in dem nach Lukas[9] finden wir eine Schilderung, in der Jesus Christus sogar *ganz eindeutig* von der Wiederverkörperung sprach. Es geht um die sogenannte »Verklärungsszene«. Er nahm Petrus, Jakobus und Johannes mit auf einen ›Berg‹. Es ist ja an mehreren Stellen der Evangelien – denken Sie etwa an die »Bergpredigt«, von der Matthäus in den Kapiteln 5 bis 7 berichtet – davon die Rede, dass Jesus *»auf einen (hohen) Berg stieg«*. Bei dieser Formulierung handelt es sich um einen technischen Ausdruck, der im Okkultismus früherer Zeiten durchaus bekannt war. Damit ist gemeint, dass der Herr diejenigen, die er mit ›auf den Berg‹ nahm, in besonders tiefe esoterische Weltengeheimnisse einweihte.

Bei Lukas heißt es:

> *Etwa acht Tage, nachdem er diese Worte gesprochen hatte, geschah es, dass er Petrus, Jakobus und Johannes zu sich nahm und auf den Berg stieg, um zu beten. Und während er betete, veränderte sich das Aussehen seines Angesichtes, und seine Gewandung wurde hell strahlend. Und siehe, zwei Männer redeten mit ihm; es waren Moses und Elias, die sich im Offen-*

Lukas 9, 28ff.

Nachdem also der Herr mit den drei Jüngern auf ›den Berg‹ gestiegen war, wurden die Jünger begnadet, mit ihren Seelenaugen gewaltige Imaginationen wahrzunehmen. Der Gottessohn wurde vor ihnen ›verklärt‹, also verwandelt, das heißt Er wurde ins Licht des Erkennbaren gerückt. Er erschien in seiner wahren ›Geistgestalt‹. Neben ihm erschienen Moses und Elias, ebenfalls in ihrer Geistgestalt. Damit zeigte sich der Christus den drei Jüngern wie vorausgespiegelt in seiner verherrlichten Gestalt, in der Er später nach seiner Auferstehung zu schauen war. Es fand also eine Überwindung von Zeit und Raum statt.

Diese drei Jünger sollten eine noch höhere Erkenntnis durch ihren Meister erhalten. Sie sollten insbesondere die Überzeugung gewinnen, dass es sich bei dem Christus wirklich um das lebendige, Fleisch gewordene Wort handelte. Rudolf Steiner sagte dazu: *»Deshalb zeigt er sich in seiner Geistigkeit, in jener Geistigkeit, welche erhaben ist über Raum und Zeit; in jener Geistigkeit, für welche es kein Vorher und kein Nachher gibt, in der alles Gegenwart ist. Auch das Vergangene ist Gegenwart. Da ist das Vergangene wesenhaft, als Elias und Moses neben der Gegenwart des Jesus erschienen. Und jetzt glauben die Jünger an den Gottesgeist.«*[10]

Später, nachdem diese Imaginationen vorüber waren, fragen die drei Jünger:

> *Warum sprechen dann die Schriftgelehrten davon, dass Elias vorher kommen müsse?*

Matthäus 17, 10

Der Herr antwortete:

> *Zwar kommt Elias und wird alles wiederherstellen. Ich sage euch aber: Elias ist schon gekommen, aber sie haben ihn nicht erkannt, sondern haben an ihm getan, wozu es sie trieb.*

Matthäus 17, 11f.

Dann heißt es:

> *Da verstanden die Jünger, dass er zu ihnen von Johannes dem Täufer redete.*

Matthäus 17, 13

Mit der Aussage »[sie] *haben an ihm getan, wozu es sie trieb*« deutete der Herr auf die Enthauptung des Täufers hin. Dadurch verstanden die drei Jünger, wen Er meinte.

Jesus Christus sagt also in *unmissverständlicher* Deutlichkeit, dass Johannes der Täufer der wiedergeborene Elias war![11] Das ist wohl die einzige Bibelstelle, bei der man schon übel herumdeuteln müsste, um sie nicht als *klaren Beleg* dafür aufzufassen, dass der Täufer der wiedergeborene Elias war und dass somit die Reinkarnation eine Weltentatsache ist. Diese Wahrheit verkündet der Gottessohn nicht einmal *allen* seiner Jünger, sondern nur den Dreien, die Er wohl als einzige für hinreichend reif hielt, diese Erkenntnis fassen und vertragen zu können.[12] *»In ein Mysterium sind wir geführt. Drei Jünger hat der Christus nur für würdig gehalten, dieses Mysterium zu erfahren. Und welches ist dieses Mysterium? Mitgeteilt hat er, dass der Johannes der reinkarnierte Elias ist. Die Wiederverkörperung wurde zu allen Zeiten gelehrt innerhalb der Mysterientempel. Und keine andere als diese okkulte theosophische Lehre hat der Christus seinen vertrauten Jüngern mitgeteilt.«*[13]

Es gibt im Matthäus-Evangelium noch einen weiteren Vers, in dem der Herr auch ganz deutlich sagt, dass Johannes der reinkarnierte Elias war:

> *Amen, ich sage euch: Unter den von Frauen Geborenen ist kein Größerer entstanden als Johannes der Täufer; doch der Kleinste im Reich der Himmel ist größer als er. Seit den Tagen Johannes' des Täufers bis jetzt wird dem Reich der Himmel Gewalt angetan, und Gewalttäter nehmen es in Besitz. Denn alle Propheten und das Gesetz haben prophetisch gewirkt bis hin zu Johannes. Und wenn ihr es annehmen wollt: Er [Johannes, der Täufer] ist Elias, der kommen soll. Wer Ohren hat, der höre!*
>
> Matthäus 11, 11f.

3.3 Das notwendige Vergessen der Reinkarnation

Nun könnte man aber fragen, warum der Herr die Lehre von den wiederholten Erdenleben nicht *verbreitete*, damit *jeder* ihre Gültigkeit einsehen konnte. Wenn Sie die Reden und auch die Gleichnisse, von denen die Evangelien berichten, heranziehen, werden Sie feststellen, dass Er bei seinen Lehren sehr stark in Abhängigkeit von seinen Zuhörern differenzierte. Er sprach über sehr viel intimere Wahrheiten, wenn Er im Kreise seiner Jünger war, bei denen Er davon ausgehen konnte, dass diese sie verstehen und vertragen konnten.

Diese Wahrheit, dass der Täufer der wiedergeborene Elias war, offenbart der Herr nach der Verklärung nicht einmal *allen* seiner Jünger, sondern nur den Dreien, die Er wohl als einzige für hinreichend reif hielt, diese Erkenntnis fassen und vertragen zu können. Er weist sie ausdrücklich an, darüber vorerst mit keinem anderen zu reden. Er verbietet ihnen geradezu, diese Lehre zu verbreiten. In seinen Abschiedsreden sagt Jesus Christus ganz deutlich, dass es noch vieles gäbe, was Er seinen Jüngern sagen könnte, dass sie dieses jetzt aber noch nicht ertragen könnten.

> *Noch viel habe ich euch zu sagen, aber ihr könnt es jetzt nicht tragen.*
>
> Johannes 16, 12

Zu dem, was die meisten Jünger noch nicht zur Gänze hätten verstehen und ertragen können, gehörte auch die Reinkarnationslehre.

Vieles von dem, was der Herr nur seinen Jüngern anvertraute, hätte das Volk nicht nur nicht verstehen können, sondern es wäre möglicherweise sogar schädlich für die meisten Menschen gewesen. Es ist geradezu ein okkultes Gesetz, dass bestimmte geistige Wahrheiten nur einigen, dazu besonders vorbereiteten Menschen mitgeteilt werden dürfen. Solche Wahrheiten dürfen der großen Masse der Menschheit erst sehr viel später offenbart werden, wenn sie die dazu nötige Reife erworben hat. Die oben erwähnte Andeutung machte der Herr nur in Gegenwart dreier Jünger.

Nun stellt sich die Frage, warum die drei Jünger Stillschweigen bewahren sollten. Inwieweit hätte die Reinkarnationslehre für die Masse der Menschen – ja womöglich sogar für die übrigen Jünger – schädlich sein können? Nun, es hätte die große Gefahr bestanden, dass die Menschen ihr Erdenleben nicht wichtig genug genommen hätten. Im alten Ägypten galt das Gesetz der Reinkarnation noch als allgemeines Wissensgut. So waren selbst die Sklaven davon überzeugt, wiedergeboren zu werden. Sie hatten die Hoffnung, in einem der späteren Leben angenehmere Bedingungen vorfinden oder sogar selbst einmal Herrscher sein zu können. Diese Überzeugung ließ sie alle Mühen und Plagen ertragen. Darum war ihnen dieses eine Leben nicht so wichtig. Hätten die Jünger also die Lehre verbreitet, so hätte die Gefahr bestanden, dass die Menschen sich vielleicht gesagt hätten: »Warum sollen wir dieses oder jenes erstreben, wenn wir dazu noch in vielen weiteren Leben Zeit haben?!« Jedes einzelne Erdenleben ist aber von unschätzbarem Wert. Zum einen kann man in keiner anderen Sphäre die Erfahrungen machen, die man auf der Erde machen kann. Andererseits kann man das in einem Leben Versäumte nicht so ohne weiteres in einem nächsten nachholen. *Jedes* Leben stellt etwas

Einzigartiges dar. Aus diesem Grund durfte die Lehre von den wiederholten Erdenleben für lange Zeit nicht mehr zu den Menschen dringen. Die Menschen sollten sich ganz auf dieses vermeintlich einzige Leben konzentrieren.

Rudolf Steiner sagte dazu: *»Was in einem Zeitalter äußerlich gelehrt werden sollte, war, dass der Mensch an dem Gefühl festhalten sollte, das Leben auf der Erde sei mit diesem einen Leben erschöpft. Der Mensch sollte sich sagen: Eine ganze Ewigkeit hängt davon ab, was in dem einen Leben geschieht. Eine radikale Ausgestaltung dieser Auffassung ist die Lehre von den ewigen Höllenstrafen. Der Erdkreis wäre nicht erobert worden, wenn nicht die Lehrer des Christentums dies hinterlassen hätten, dass das eine Leben als ein so wichtiges angesehen werden sollte. Die großen Lehrer haben nie absolute Wahrheiten hingestellt, sondern das, was dem Menschen angemessen ist. Die letzten Wahrheiten lehren die großen Lehrer nie, sondern das, was für ein Zeitalter förderlich ist. Die Lehre von der Reinkarnation wäre in dieser Zeit nicht das Richtige gewesen. Auch was die Geisteswissenschaft lehrt, ist nicht die endgültige Wahrheit, sondern die anthroposophische Weltanschauung muss jetzt gelehrt werden, weil das heute das Richtige ist. Die Menschen, die jetzt die geisteswissenschaftlichen Lehren hören, werden die Wahrheit in einer späteren Inkarnation in einer ganz andern Weise hören. Innerhalb von dreitausend Jahren werden wir etwas, was auf einem höheren Gebiete liegt, lernen, weil wir schon einmal durch die Anthroposophie durchgegangen sind.«*[14]

Mit der Zeitenwende vor 2.000 Jahren brach also eine Zeit an, ab der die Menschen – zumindest die große Masse der Menschen – für viele Jahrhunderte die Reinkarnationslehre vergessen *mussten*. Jeder Mensch sollte in dieser Zeitspanne *wenigstens* ein Erdenleben durchlaufen, in dem er nichts von den wiederholten Erdenleben wissen durfte. Er sollte glauben, dass seine irdische Existenz mit diesem einen Leben erschöpft sei. Er sollte sich klar machen, dass eine ganze Ewigkeit davon abhängt, was in diesem einen Leben geschieht, was er da leistet und wie er sich verhält. Damit sich das individuelle Ich der Menschen richtig entwickeln konnte, war es notwendig, dass sie lernten, das Bestmögliche aus ihrem Erdenleben zu machen und seine große Bedeutung zu verstehen. Daher musste die Erinnerung an frühere Inkarnationen für eine gewisse Zeit verloren gehen. Sie durften ihr aktuelles Erdenleben nicht mehr nur als ein Glied einer langen Kette sehen.

Wie wir im nächsten Kapitel (☞ S. 45ff.) noch näher erläutern werden, sind die Zeiten, in denen der Mensch nicht von den wiederholten Erdenleben wissen durfte, heute vorbei!

Kapitel 4

Einige Aspekte der Reinkarnations- und Karmalehre

Wir wollen in diesem Kapitel in aller Kürze und mehr stichwortartig den Blick auf einige besonders wichtige Aspekte der Reinkarnations- und der damit untrennbar verbundenen Karmalehre werfen.

Ein Leser, der über dieses eminent wichtige Thema Näheres erfahren möchte, sei auf unser Buch *»Reinkarnation und Karma im Lichte wahren Christentums«* hingewiesen (☞ S. 59).

4.1 Beginn und Ende des Inkarnationskreislaufs

In einigen esoterischen Kreisen herrscht die Auffassung vor, die Notwendigkeit, dass sich der Mensch auf der Erde inkarnieren muss, hätte weder einen Anfang noch ein Ende. So ist manchmal vom »Rad der ewigen Wiedergeburt« die Rede. Das entspricht aber nicht den Tatsachen, wie man sowohl der Bibel als auch den Forschungsergebnissen Rudolf Steiners entnehmen kann.

Die These, dass der Inkarnationskreislauf endlos sei, widerspricht in hohem Maße den Schilderungen der Genesis sowie all denjenigen Bibelversen, welche das Leben des »auferstandenen Menschen« in ganz neuen Weltverhältnissen am sogenannten »Jüngsten Tag« bzw. »Weltenende« beschreiben. Für den Menschen ergab sich die Notwendigkeit, sich in einem sterblichen Leib in der materiellen Welt zu verkörpern, als er – wie es ja die Schöpfungsgeschichte schildert – der luziferischen Versuchung erlegen ist und aus dem sogenannten »Paradies« vertrieben und auf die Erde geschickt wurde. Das ereignete sich vor mehreren Hundert Millionen Jahren. Vorher lebte der Mensch als ein geistig-seelisches Wesen in einer überirdischen Sphäre.

Die Notwendigkeit der Wiederverkörperung im *heutigen* Sinne wird in gar nicht einmal so ferner Zukunft – noch vor dem Weltende – aufhören.

Bis zum heutigen Tage hat jeder Mensch schon zahlreiche Erdenleben durchgemacht, und er wird noch viele weitere durchmachen. Zwischen Tod und neuer Geburt lebt der Mensch eine lange Zeit, die sich meistens nach Jahrhunderten bemisst, in geistigen Sphären, wo er zunächst sein abgelegtes Erdenleben aufarbeitet und dann sein neues vorbereitet. Dabei wird er insbesondere von hohen und höchsten Engelwesen angeleitet und unterstützt.

4.2   Persönlichkeit und Individualität

enn man von einem »Menschen« spricht, so muss man zwischen *»Individualität«* und *»Persönlichkeit«* unterscheiden.

Jedes vor Urzeiten von den Schöpfermächten geschaffenes geistiges Menschenwesen bzw. jede menschliche Seele stellt etwas Einzigartiges, Einmaliges und Individuelles dar. Jeder Seele ist es bestimmt, ewig zu existieren. Diese Seele, die durch viele Erdenleben geht, stellt die menschliche *»Individualität«* dar.

Der sichtbare Mensch, der auf der Erde umhergeht, der diese Seele bekleidet und von dieser belebt und durchpulst wird, ist die *»Persönlichkeit«. Eine* Individualität, ein Menschenwesen bzw. eine menschliche Seele, geht also durch *viele* Persönlichkeiten hindurch. Das, was stirbt und verschwindet, ist die Persönlichkeit. Es stirbt eines Tages der Hans Müller aus München. Aber die Seele, die den Leib dieser Persönlichkeit bewohnt hat, lebt zunächst in der geistigen Welt weiter, um sich dann später wieder in einem anderen menschlichen Leib zu verkörpern, der eine andere Persönlichkeit darstellt. Dieser Hans Müller hat in seiner vorigen Inkarnation vielleicht vor – sagen wir – vierhundert Jahren in einem arabischen Land gelebt. Dort wandelte er möglicherweise als die Persönlichkeit Fatima Al Mosa umher. In der Zukunft wird er vielleicht als Harry O'Neill in Irland geboren werden.

4.3   Der Sinn der wiederholten Erdenleben

un stellt sich eine ganz fundamentale Frage: Was ist eigentlich der Sinn, dass sich jede menschliche Individualität viele Male verkörpert? Welchem Ziel dienen die wiederholten Erdenleben?

Das entscheidende Wort, mit dem wir uns der Antwort nähern, lautet: »Entwicklung«!!! Alles im Kosmos – alle Welten, Planetensysteme und Wesen – befinden sich in einem *permanenten* Entwicklungsprozess, der vor Urzeiten begonnen hat und der im Grunde niemals endet.

Eine Entwicklung ist ja immer mit einem Ziel verbunden, das durch die Entwicklung erreicht werden soll. Was ist nun das Ziel bzw. das Ideal, das der Mensch erreichen kann und soll?

Die Schöpfermächte wollten mit dem Menschen keine schlichten ›dienstbaren Geister‹ in die Weltenverhältnisse hineinstellen. Sie haben mit dem Menschen ein Wesen in die Weltentatsachen gestellt, das das Göttliche in sich aufnehmen kann. Sie haben ein Wesen geschaffen, dem es in *urferner* Zukunft vorbestimmt ist, selbst ein schöpferisches, selbstbewusstes, freies, göttlich-geistiges Wesen sein zu können. Das ist das, was als Geheimnis des Werdens betrachtet werden kann, dass jedes Wesen emporsteigen kann von einem, das nur aus der göttlichen Gnade empfangen kann, zu einem, das selbst produktiv werden kann, das selbst schöpferisch tätig werden kann. Das Ziel aller Wesen ist es, selbst Schöpfer zu werden.

Jeder Mensch ist vor die Aufgabe gestellt, sich über einen unerdenklich langen Zeitraum in seinen jeweiligen Erdenleben immer höher zu entwickeln, sich immer mehr zu vervollkommnen, sich immer mehr diesem unfassbar hohen Ideal anzunähern. Dazu ist es notwendig, dass er alle Erfahrungsschätze sammelt, die man *nur* auf der Erde sammeln kann. Alles, was unsere materielle Welt an Möglichkeiten bietet, muss von ihm aufgenommen und durchlebt werden. Dazu gehören natürlich auch die sehr unangenehmen Erfahrungen sowie die Gefahr, Fehler zu begehen und sündig zu werden. Die Sünde muss der Mensch eines Tages gänzlich überwinden.

Bedenken Sie, wie unterschiedlich die Erfahrungen waren, die etwa ein Steinzeitmensch machen konnte, von denen, die ein Mensch heute machen kann. Wie verschieden war das, was die Seele eines alten Ägypters durchziehen konnte, von dem, was etwa eine Seele, die sich im Mittelalter verkörperte, erleben konnte. Das, was ein heutiger moderner Mensch an Impulsen, Ideen und Lehren aufnehmen kann, ist wiederum völlig verschieden von dem, was man im Mittelalter lernen konnte. Mit »lernen« ist hier im Übrigen nicht – oder zumindest nicht nur – der Erwerb oder gar das Anhäufen von Wissen über die äußere, materielle Welt gemeint. Es geht also nicht etwa darum, ein Gelehrter zu werden. Was aber ganz wesentlich zu diesem »lernen« gehört, ist, dass der Mensch bestrebt ist, die spirituellen Erkenntnisse und Lehren der großen Eingeweihten und Geisteslehrer des jeweiligen Zeitalters, die man gewissermaßen als Sendboten der geistigen Welt bezeichnen kann, aufzunehmen und diese in sein alltägliches Leben zu integrieren. Auch wenn die großen »kosmischen Wahrheiten« ewig gültig sind, so müssen diese doch den Menschen unterschiedlicher Epochen und Kulturen auf jeweils etwas andere Art und Weise mitgeteilt werden. Für die Gegenwart – und auch noch für die nächsten Jahrhunderte – ist es die Anthroposophie Rudolf Steiners, die den Menschen die geistigen Erkenntnisse in einer zeitgerechten Form, die mit den seelischen Kräften der heutigen Menschheit rechnet, schenkt. Damit sollen allerdings andere Erkenntnisquellen keineswegs verworfen werden.

Selbst das, was ein heutiger Mitteleuropäer erleben und erfahren sowie an spirituellen Lehren und Erkenntnissen aufnehmen kann, unterscheidet sich in vielerlei Hinsicht sehr stark von dem, was etwa einem Inder oder Araber möglich ist. Auch vieles von dem, was man als Mann erfahren kann, ist völlig anders, als wenn man sich als Frau inkarniert hätte. Wenn man diesen Gedanken ernst nimmt, wird klar, dass ein oder auch nur wenige Erdenleben niemals ausreichen könnten, um diese notwendigen Erfahrungen sammeln und die unterschiedlichen Lernprozesse durchmachen zu können. Dieses Ziel kann nur erreicht werden, wenn jeder Mensch sich viele, viele Male auf der Erde inkarniert.

Die wiederholten Erdenleben sind also – um es auf einen kurzen Nenner zu bringen – notwendig, damit sich der Mensch und die gesamte Menschheit in der für sie erforderlichen und von den Schöpfermächten angedachten Weise entwickeln kann.

4.4 Anmerkungen zum Karmagesetz

Während das Gesetz der Reinkarnation noch einigermaßen leicht verständlich ist, ist das ungleich komplexere Karmagesetz nicht so leicht zu verstehen. Daher können wir es im Rahmen dieses Büchleins nur ganz kurz streifen.

Die wiederholten Erdenleben wären im Grunde sinnlos, wenn man nicht auch das Karmagesetz berücksichtigen würde. Diese beiden Gesetze sind ganz eng miteinander verbunden, so dass man die Karmalehre als die »Zwillingslehre« der Reinkarnationslehre bezeichnen könnte.

Doch was versteht man eigentlich unter Karma? Manche setzen dieses Wort mit »Schuld«, andere mit »Schicksal« gleich. »Karma« kommt aus dem Sanskrit und muss wörtlich mit »Tun« oder »Machen« übersetzt werden. Wichtig und richtig ist, dass Karma sowohl mit »Schuld« als auch mit »Schicksal« als auch mit »Tun« bzw. »Machen« zu tun hat. Karma ist das große *»kosmische Gesetz von Ursache und Wirkung«* für die geistige Welt, wie die Mechanik das Gesetz von Ursache und Wirkung in der Erdenwelt ist. Es äußert sich in bestimmten Wirkungen, die uns Menschen widerfahren und deren Ursachen in unseren Taten oder Verhaltensweisen aus einem früheren Leben liegen.

Wenn ein Mensch durch die Geburt ins physische Dasein schreitet, so betritt er den irdischen Schauplatz *nicht* als ein ›unbeschriebenes Blatt‹. Vielmehr bringt er alle seine Erfahrungsschätze, die er in früheren Inkarnationen gewonnen hat, sowie sein ganz individuelles Karma bzw. Schicksal mit. Die Kernaussage des Karmagesetzes ist, dass alles, was ein Mensch in seinem gegenwärtigen Leben kann und macht, nicht als ein abgesondertes Wunder zu betrachten ist, sondern als Folge mit der Daseinsform seiner Seele in früheren sowie als Ursache mit folgenden Leben zusammenhängt. Das macht einen ganz wesentlichen Unterschied zwischen Tier und Mensch aus. Einen Menschen kann man in all seinen Eigenarten und Fähigkeiten erst dann verstehen, wenn man seine individuelle Entwicklung berücksichtigt, die sich schon über viele Inkarnationen erstreckt.

Dieses Schicksal, das der Mensch mit in sein Erdenleben bringt, hat er in seinem vorigen Leben selbst zubereitet und in seinem vorgeburtlichen Leben in der geistigen Welt weitgehend selbst gewählt! In dieser Zeit war er noch ungleich weiser, als er es im Erdenleben jemals sein könnte. Wenn der Mensch wieder im Erdensein ist, wirkt in seiner Seele der Drang, dieses selbst gewählte Schicksal zu leben bzw. zu erfüllen.

Nun lassen sich auch die Phänomene, über die wir in Kapitel 2 geschrieben haben, erklären. Betrachten wir einen genialen Menschen, etwa einen begnadeten Musiker. Ein solcher hat sich sein außerordentliches Talent aus einem früheren Erdenleben mitgebracht. Das heißt natürlich nicht, dass er schon in einer vorausgegangenen Inkarnation ein großer Musiker gewesen sein müsse. Sicher ist, dass er in seinem vorigen Leben irgendwelche Erfahrungen oder Lernprozesse (Ursache) durchgemacht hat, die ihm in der jetzigen Inkarnation ermöglichen, als genialer Musiker aufzuleuchten (Wirkung). Eine große Begabung bzw. ein außerordentliches Talent, das einen Menschen in einer Inkarnation auszeichnet, wird im nächsten Leben meistens nicht wieder in der gleichen Form auftreten. Aus dem, was diese Individualität in einer früheren Verkörperung durch ihr Talent lernen und bewirken konnte, hat sie ihre Früchte gesammelt. Wenn also eine Individualität ein Leben etwa als begnadeter Musiker oder großer Mathematiker geführt hat, so wird sie in den folgenden diese außerordentliche Fähigkeit im Normalfall nicht wieder aufweisen, sondern auf einem ganz anderen Gebiet Großes zu leisten imstande sein. Man könnte von einer Metamorphose der Begabung sprechen.

Werfen wir jetzt den Blick auf besonders schwere Schicksale, die manche Menschen zu tragen haben. Denken Sie etwa an ein Kind, das mit einer schweren körperlichen oder ›geistigen‹ Behinderung geboren wurde und damit auch an das Los der Eltern. Oder denken Sie an einen Menschen, der Opfer eines Verbrechens oder einer Naturkatastrophe wurde. Oder nehmen wir einen Menschen, der ein Kind durch frühen Tod verliert, oder jemanden, der aufgrund häufiger oder schwerer Krankheiten kaum ein geregeltes und normales Leben führen kann.

Wie sind solch schwere Fälle, solch schwere Schicksale karmisch zu erklären? Hat es überhaupt etwas mit Karma zu tun? Im Grunde hat alles Bedeutsame, was wir in einem Erdenleben erfahren dürfen oder müssen, mit Karma zu tun. Es wäre also schon höchst sonderbar, wenn gerade solch schwere Schicksale nicht mit dem kosmischen Gesetz von Ursache und Wirkung zusammenhingen, sondern etwa einer ›göttlichen Laune‹ oder einem ›Zufall‹ entspringen würden. Man kann diese Dinge nur dann verstehen, wenn man das Karmagesetz kennt und berücksichtigt. Ansonsten müsste man an derart harten Schicksalen geradezu verzweifeln.

Wie wir wissen, gibt es *zwei* karmische Pole: Ursache und Wirkung bzw. Saat und Ernte.

Selbstverständlich ist es möglich, dass ein schweres Schicksal eine karmische *Wirkung* darstellt. Das würde natürlich bedeuten, dass dieser Mensch in seinem letzten oder einem seiner letzten Leben die dazu notwendige *Ursache* selbst geschaffen hat. Was nun genau in einem früheren Leben die Ursache war, lässt sich natürlich nicht angeben. Das müsste schon ein äußerst fähiger Hellseher in einem konkreten *Einzelfall* erforschen. Dieser Mensch hat in jedem Fall in einem früheren Leben irgendwelche Handlungen begangen, irgendwelche Verhaltensweisen an den Tag gelegt oder bestimmte Eigenschaften besessen, aus denen sich nun ganz gesetzmäßig die karmische Folge ergibt, die sich im jetzigen Leben als ein bestimmtes schweres Schicksal darstellt. Bei dieser ursächlichen Handlung oder Verhaltensweise muss es sich allerdings nicht unbedingt um eine *drastische* Verfehlung gehandelt haben. Es ist ein unhaltbares und fürchterliches Klischee, dass eine Individualität, die in ihrem Erdenleben ein sehr schweres Schicksal ertragen muss, in einem früheren Leben ein Verbrecher oder ein abgrundtief schlechter Mensch gewesen sein müsse!

Also, die *eine* Möglichkeit ist, dass ein solches Schicksal die Wirkung einer Tat bzw. die Folge von Verhaltensweisen aus einer früheren Inkarnation repräsentiert.

Die *andere* Möglichkeit ist, dass ein schweres Schicksal *keine* karmische Wirkung darstellt, die durch irgendein Verhalten oder irgendeine Tat in einem vorigen Leben hervorgerufen wurde, sondern eine karmische *Ursache*. Diese neue, karmisch unverursachte, aus freiem Willen entsprungene ›Tat‹ stellt dann eine neue *erste* Ursache dar. Diese wird dann in einem weiteren Leben natürlich eine karmische Wirkung nach sich ziehen. Lassen wir wieder Rudolf Steiner zu Wort kommen: *»Wie in allen Dingen, welche den Menschen betreffen, so darf auch in Bezug auf Gesundheit und Krankheit die Sache nicht so gefasst werden, als ob sie ohne weiteres ›Strafe‹ und ›Lohn‹ wären für das, was er, der Mensch, in einem früheren, oder vielleicht gar in ›diesem‹ Leben begangen hat. Es kann zum Beispiel eine Person von einer Krankheit befallen werden, für welche gar keine Ursache nachgewiesen werden kann, weder im früheren, noch in dem gegenwärtigen Leben. Dann tritt die Krankheit gewissermaßen als ein ›erstes‹ Ereignis in den menschlichen Lebenslauf ein, sie ist selbst eine ›erste‹ Ursache. Sie wird dann eben ihre Wirkung in irgendeiner Art in dem folgenden Lebenslauf nach sich ziehen. Das Karmagesetz wirkt unbedingt überall; aber man darf nicht glauben,* *dass man überall bloß Wirkungen hat, zu denen die Ursachen in der Vergangenheit liegen; ebenso kann man es mit Ursachen zu tun haben, deren Wirkungen in der Zukunft liegen werden.«*[15]

Wenn nun ein Mensch mit einer Behinderung geboren wird oder wenn er ein anders geartetes schweres Schicksal zu tragen hat, so *könnte* es sich so verhalten, dass er dieses harte, in vielerlei Hinsicht stark beeinträchtigte Leben als eine ganz wichtige Erfahrung benötigt, um dann im nächsten Leben einen großen Entwicklungsschritt machen zu können.

Halten wir also fest: Jedes Schicksal, das uns ereilt, kann entweder eine karmische Wirkung oder aber eine neue karmische Ursache sein. Es wäre also ein fürchterlicher Fehler, wenn jemand denken würde, dass ein schicksalsgeprüfter Mensch dieses Los verdient hätte, weil er es sich aufgrund einer großen Schuld, die er in einer früheren Inkarnation auf sich geladen hätte, selbst zuzuschreiben hätte. Selbst wenn das durch einen Geistesseher im Einzelfall nachgewiesen werden könnte, so wäre diese Sichtweise immer noch äußerst unchristlich. Es wäre auch ein grober Irrtum, wenn jemand kranken oder leidgeprüften Menschen nicht jedwede Art von Hilfe zuteilwerden ließe, weil er etwa glaubt, sich in dessen Karma nicht einmischen zu dürfen. Das Karma eines anderen wird sich schon erfüllen. Wir aber haben alles zu tun, um sein Karma im günstigen Sinne umzuändern. Die Hilfe, die wir aus freien Stücken einem anderen Menschen angedeihen lassen, eröffnet einen neuen Abschnitt in dessen Schicksal.

4.5   Sind wir Menschen »Selbsterlöser«?

V iele Christen, die das Gedankengut der Reinkarnation und des Karma ablehnen, werfen den Vertretern dieser Lehren vor, sie seien ›Selbsterlöser‹. Sie sagen, Jesus Christus sei am Kreuz für alle Menschen gestorben und habe damit die Sünden der Welt auf sich genommen, so dass jedem Menschen, wenn er ein gutes und gottgefälliges Leben führe, das Himmelreich offen und die Wiederauferstehung am Jüngsten Tage in Aussicht stehe. Also könne es nicht sein, dass die Menschen sich durch Abtragen bzw. Ausgleichen ihres Karma selbst erlösen müssten.

Diese Ansicht kann doch wohl nur so verstanden werden, dass durch die Opfertat Christi vor 2.000 Jahren auch heute und in der Zukunft alle Menschen von vornherein die Möglichkeit hätten, das ›ewige Heil‹ zu erreichen, ohne dazu allzu viel beitragen zu müssen. Selbst wenn sie ein eher liederliches Leben führten, hätten sie noch die Chance, dieses hohe Ziel zu erreichen, sofern sie noch rechtzeitig vor ihrem Tod ihre Verfehlungen bereuten und wieder zu Gott fänden. Das wäre allerdings eine sehr schnelle und bequeme Art, erlöst zu werden! Eine solche Vorstellung mag vielen ungeheuer sympathisch sein. Wer möchte nicht so schnell wie eben möglich ans Ziel kommen.

Doch ist es keineswegs so, dass ein Vertreter einer *richtig verstandenen* Karmalehre nicht mit der Erlösungstat Christi rechnen würde. Diese besteht aber nicht darin, dass den Menschen ihre Sünden, die sie Tag für Tag begehen, so einfach vergeben würden. Christi Tat ist kein ›Freifahrtschein‹ für ein Leben, an dessen Ende das Himmelreich und ewige Freuden warten. Man muss sie sich vielmehr viel größer denken. Erst dadurch dass Er durch den Tod ging und diesen schließlich besiegte, hat Er uns Menschen die Möglichkeit gegeben, selbst eines fernen Tages den unsterblichen Auferstehungsleib tragen zu können. Ohne Christi Liebes-Opfer-Tat auf Golgatha hätte es für die Menschheit und die Erdenwelt kein reguläres Fortbestehen geben können. Das große Menschheitsziel hätte somit niemals erreicht werden können. Dass es überhaupt das Karmagesetz gibt, verdanken wird dem Christus. Durch ihn ist schon zu Beginn der Menschheitsentwicklung die Möglichkeit des Karma in die Menschheit gekommen. *»Woher kommt die Wohltat des Karma? Woraus ist eigentlich in unserer Erdenentwickelung diese Wohltat entsprungen, dass es ein Karma gibt? Von keiner anderen Kraft kommt das Karma in der ganzen Entwickelung als von dem Christus.«*[16]

Also, Christen, die von der Reinkarnations- und Karmalehre ausgehen, verstehen sich gewiss nicht als Selbsterlöser, aber ebenso gewiss auch nicht als ›Schnellerlöste‹, die glauben, dass schon ein einziges halbwegs ordentlich geführtes Erdenleben sie von allen Bemühungen und Anstrengungen erlösen könnte.

4.5.1 Sündenvergebung

Wir müssen uns nun noch damit befassen, was ganz konkret geschieht, wenn ein Mensch eine Schuld auf sich lädt, wenn er eine Sünde begeht. Wie wird diese ausgeglichen?

Hierbei muss man stets zwischen einem *subjektiven* und einem *objektiven* Aspekt unterscheiden. Es ist ja zunächst einmal so, dass der Sünder sich durch seine Tat ein wenig unvollkommener macht, als er ohne diese Tat gewesen wäre. Das ist das, was nur ihn betrifft, also die *subjektive* Schuld. Die Tatsache, dass der Mensch sich durch seine Sünde in seinem Wert verringert hat, muss er in einer folgenden Inkarnation karmisch *selbst* ausgleichen. Nun stellt diese Tat mit all ihren Folgen aber auch etwas *Objektives* in der Welt dar. Die objektiven Folgen der Schuld könnte er selbst niemals auslöschen. Dazu würden seine menschlichen

Kräfte und Möglichkeiten niemals ausreichen. Dazu wäre er als Mensch viel zu schwach. Betrachten wir zur Verdeutlichung ein triviales Beispiel.

Nehmen Sie an, jemand wollte einem ungeliebten Nachbarn eins auswischen, indem er einige Nägel in dessen schöne Haustür schlägt. Wenn er seine Tat später bereut, so könnte er sich bei dem Nachbarn entschuldigen und die Nägel mit einer Kneifzange entfernen. Damit hätte er gewissermaßen den subjektiven Anteil seiner Schuld abgetragen. Aber die Tür wäre damit nicht wieder in dem unversehrten Zustand, in dem sie vorher war. Die unschönen Löcher sind immer noch vorhanden. Diese Folgen seiner Tat könnte der Verursacher bestenfalls kaschieren, aber nicht ungeschehen machen.

Was geschieht jetzt aber mit den objektiven Folgen einer Schuld, die wir auf uns geladen haben? Indem der Christus durch die Tat auf Golgatha die »Sünden der Welt« auf sich genommen hat, wird nach und nach das Weltenkarma, das die Menschen geschaffen haben, durch die Gnade des Christus aufgelöst. Diese Vergebung bzw. dieses Tragen der objektiven Folgen unserer Sünden ist ein freiwilliges Gnadengeschenk des Christus. Wenn Er dieses Geschenk nicht darbringen würde, könnte die ganze Erde sich am sogenannten Weltenende nicht in der richtigen Weise weiterentwickeln.

4.6   Die notwendige Erinnerung an frühere Erdenleben in naher Zukunft

In früheren Jahrtausenden hatten die Menschen noch die ganz normale Gabe, hellsichtig in die übersinnlichen Welten schauen zu können und sich auch an ihre früheren Erdenleben zu erinnern.

Diese Fähigkeit *musste* nach und nach verloren gehen. Dann brach vor etwa 2.000 Jahren eine Zeit an, in der es aus den in Kapitel 3 (☞ S. 34ff.) geschilderten Gründen notwendig wurde, dass die Menschen die Wahrheit von den wiederholten Erdenleben sogar ganz vergessen *mussten*.

Die Zeiten, in denen die Menschen nicht von der Reinkarnation wissen durften, sind seit über 100 Jahren vorbei! In unserem materialistischen und geistlosen Zeitalter ist es unabdingbar, dass die Menschen wieder zu geistigen Erkenntnissen gelangen. Dazu gehören insbesondere auch die Lehren über Reinkarnation und Karma, ohne die man kaum eine Weltentatsache im rechten Licht sehen kann.

Es ist ja unbestritten, dass die überwiegende Mehrheit der gegenwärtigen Menschheit sich nicht – zumindest nicht konkret und wirklichkeitsgemäß – an ihre früheren Erdenleben erinnern kann, obwohl sämtliche Erinnerungen in den Seelentiefen vorhanden sind. Diese Erinnerungen kann ein Durchschnittsmensch nicht willentlich abrufen. Lediglich bei einigen, die ›echte‹ Déjà-vu-Erlebnisse haben, blitzen gewisse mehr dumpfe und fragmentarische Reminiszenzen auf. Nun können wir uns einmal fragen, warum wir uns *nicht* an unsere früheren Verkörperungen zu erinnern vermögen. Betrachten wir zunächst ein simples vergleichendes Beispiel:

Wohl jeder von uns hat schon einmal einen Gegenstand, etwa einen Schlüssel, eine Uhr, eine Lesebrille oder dergleichen, den wir am Tag zuvor irgendwo abgelegt haben, suchen müssen, weil wir uns nicht mehr daran erinnern konnten, wo wir ihn hingelegt haben. Der Grund für die fehlende Erinnerung ist, dass wir diesen gedankenlos irgendwo hingelegt haben, dass wir uns diesen Vorgang nicht bewusst gemacht haben.

Kommen wir nun darauf zurück, warum wir uns nicht an unsere vergangenen Inkarnationen zu erinnern vermögen. Das können wir deshalb nicht, weil uns eine ganz wichtige Voraussetzung fehlt: Wir haben uns in früheren Verkörperungen unser Ich, also unseren ewigen geistig-seelischen Wesenskern, der von Inkarnation zu Inkarnation schreitet, nie richtig zur Vorstellung bringen können. Erinnern kann man sich doch offensichtlich nur an etwas, was man bewusst in die Welt seiner Vorstellungen aufgenommen hat, über das man sich Begriffe gebildet hat. So wie die Menschen heute und in naher Zukunft immer mehr ihr Ich erfassen und lebendig machen, so wird es das Normale sein, dass immer mehr Menschen eine Rückerinnerung an ihre früheren Erdenleben haben werden. Die Fähigkeit, dass wir uns in unserer nächsten Inkarnation an das gegenwärtige Leben zurücker-innern können, müssen wir *jetzt* vorbereiten, indem wir unsere Vorstellungen immer mehr in die geistige Welt lenken. Wir müssen uns unseres wahren geisti-gen Wesens bewusst werden und ein Verständnis für geistige Wahrheiten erwer-ben. Man muss sich zunächst ein Wissen erwerben, wenn später eine *deutliche* Erinnerung daran auftauchen soll.

»Erst wenn der Mensch ein Leben führt in seinem göttlichen Selbst, dann erinnert er sich in demselben Maße an das, was er in den früheren Inkarnationen erlebt hat, und diejenigen, welche sich in das geistige Leben vertiefen, werden sicher mit einer Rückerinnerung an das geistige Leben wiederverkörpert wer-den.«[17]

Nun könnte jemand sagen: »Es wäre zwar interessant, wenn ich mich an meine früheren Erdenleben erinnern könnte, aber die Tatsache, dass mir das nicht ge-lingt, ist doch nicht schlimm. Schließlich komme ich auch ohne diese Erinne-rungen bestens zurecht.«

Das mag für die Gegenwart noch durchaus so sein. Aber es wird schon bald eine Zeit kommen, in der jeder Mensch diese Rückerinnerung dringend benötigt.

Diese wird dann das Normale sein. Dazu ist heute die Geisteswissenschaft die rechte Vorbereitung. Von Anfang seines Wirkens an war es eines der Hauptbestreben Rudolf Steiners, die Reinkarnations- und Karmalehre öffentlich zu verbreiten. Er sagte sogar, dass es nicht nur notwendig sei, diese Lehren zu kennen, sondern dass in nicht allzu ferner Zukunft niemand mehr ohne einen gewissen Rückblick auf seine früheren Erdenleben auskommen könne und dass es ab dem 3. nachchristlichen Jahrtausend, an dessen Beginn wir heute stehen, von größter Bedeutung sei, dass jeder ein deutliches Bewusstsein davon haben müsse, dass er sich auch in der Zukunft wieder inkarnieren werde.

Wer sich nicht mit den geistigen Wahrheiten und insbesondere mit dem Gesetz der Reinkarnation befasst, wird sich auch in seinem nächsten Erdenleben nicht an das gegenwärtige erinnern können. Im Gegensatz zu unserer heutigen Zeit, wird er das aber als ein großes Defizit erkennen. Lassen wir wieder Rudolf Steiner zu Wort kommen:

»Diejenigen aber, welche Geisteswissenschaft fliehen, die werden so mit dieser Rückerinnerung leben, dass sie sie eben nicht heraufbringen können in ihre Seele. Innerlich wird ihnen etwas fehlen. Das heißt, die Menschen werden zerfallen in zwei Klassen. Die einen werden wissen: Wenn ich das Innerste meiner Seele hervorkehre, führt mich das zurück in frühere Erdenleben. Die anderen werden einen inneren Trieb fühlen, der sich ausdrückt in einer Sehnsucht. Und es wird etwas nicht heraufkommen wollen, die ganze Inkarnation durch wird etwas nicht heraufkommen wollen, bleibt wie ein Begriff, den man sucht und nicht finden kann. Das wird die mangelnde Vorbereitung auf die Rückerinnerung an die früheren Erdenleben sein.«[18]

»Und unter den Fähigkeiten, die immer mehr und mehr auftreten werden, wird auch die sein, die den Menschen darauf hinweisen wird: Ich kann gar nicht anders als zurückzublicken auf meine früheren Inkarnationen. Nun denken Sie sich einmal: Für die nächsten Inkarnationen, die die Menschenseelen durchmachen, welche gegenwärtig inkarniert sind, tritt sozusagen die innere Kraft ein, zurückzuschauen und sich rückschauend zu erkennen. Aber für diejenigen, die sich nicht bekannt gemacht haben mit dem Gedanken der wiederholten Erdenleben, wird diese Rückerinnerung eine furchtbare Qual sein. So dass in der Tat Nichtkennen der Geheimnisse von den wiederholten Erdenleben qualvoll sein wird für die Menschen, in denen die Kräfte herauf wollen, ihnen etwas sagen wollen in Bezug auf frühere Zeiten, aber nicht herauf können werden, weil die Menschen es versäumt haben, mit den großen Mysterienwahrheiten der wiederholten Erdenleben sich bekannt zu machen.« [19]

Kapitel 5

Schlussbetrachtung

*I*n dieser abschließenden Betrachtung wollen wir uns noch zwei Fragen vorlegen, die sich geradezu aufdrängen.

5.1 Warum sind die Lehren der katholischen Kirche über viele geistige Wahrheiten und insbesondere über das Leben des Menschen nach dem Tod so dürftig?

Dass die katholische Kirche so wenig Verlässliches über geistige Wahrheiten lehrt, kommt insbesondere daher, dass sie davon ausgeht, dass die göttlich-geistige Welt sich *ausschließlich* bis vor etwa 2.000 Jahren den Menschen geoffenbart hätte. Somit rechnet sie im Wesentlichen nur mit den Offenbarungen, die Moses, den alten Propheten sowie den Evangelisten zuteilwurden. Nur diese Persönlichkeiten hält sie für autorisiert, göttlich-geistige Wahrheiten zu verbreiten. Die kirchlichen Lehren basieren vorwiegend darauf, wie die Kirchenväter der ersten nachchristlichen Jahrhunderte diese Urtexte übersetzt und ausgelegt haben. Diesen Status hat die katholische Kirche eingefroren. Lediglich wurden einige geringfügige Änderungen oder Ergänzungen durch den einen oder anderen Konzilsbeschluss vorgenommen. Alles, was seitdem durch die sogenannten »Neuoffenbarungen«, wie sie in erster Linie in den letzten Jahrhunderten durch hohe Eingeweihte, allen voran Rudolf Steiner, in die Welt gekommen sind, ignoriert sie und lehnt sie auf das Schärfste ab.

Stellen Sie sich vor, unsere Wissenschaftler würden genauso verfahren! Dann würde zum Beispiel ein heutiger Astronom sagen: »Das, was die großen Astronomen bis vor gut 500 Jahren erforscht und veröffentlicht haben, war uneingeschränkt richtig. Die Erde ist eine Scheibe, und die Sonne dreht sich um die Erde. Mehr kann man über diese Dinge nicht wissen. Es gibt seitdem nichts mehr, was noch erforscht werden könnte. Alles, was Astronomen in neuerer Zeit gesagt haben, kann nur falsch sein.«

Jedem Kirchenvertreter käme das absolut paradox vor, obwohl diese prinzipiell ebenso verfahren.

Wenn man bedenkt, dass viele Kirchenvertreter sehr kluge Menschen sind und dass es in Kreisen der katholischen Kirche sehr wohl auch Eingeweihte gab und vermutlich immer noch gibt, kann man im Grunde nicht annehmen, dass dort beispielsweise nur so verschwindend wenig über das nachtodliche Dasein bekannt wäre und nicht gewusst würde, dass die Reinkarnation eine Tatsache ist. Das bedeutet natürlich nicht, dass *jeder* Kleriker davon wissen müsste.

Somit kann man fragen: Warum gibt die Kirche dieses Wissen nicht preis?

Dafür kann es verschiedene Gründe geben. Möglicherweise ist man in kirchlichen Kreisen der Meinung, dass die Menschen immer noch nicht reif seien, von solchen Wahrheiten zu erfahren, was in früheren Zeiten noch durchaus berechtigt gewesen wäre.

Ebenfalls denkbar ist, dass die Kirche ihre ›Schäfchen‹ *immer noch* auf der Kindheitsstufe halten will, wie das in den verflossenen Jahrhunderten der Fall war. Somit ist sie bestrebt, ihre Lehren so einfach wie möglich zu gestalten. Alles, was die Kirche lehrt, sollen die Menschen glauben, ohne es verstehen zu können und zu müssen. Über ›Kinder‹ lässt sich bekanntlich leichter Macht ausüben als über ›Erwachsene‹.

Es sei nochmals deutlich darauf hingewiesen, dass heute jeder Mensch zumindest die Grundzüge der Reinkarnations- und Karmalehre kennen und verstehen muss. Jeder Mensch muss heute die Tatsache in seinem Bewusstsein tragen, dass er in der Zukunft erneut den irdischen Schauplatz betreten wird.

5.2 Ist damit zu rechnen, dass die katholische Kirche jemals ihre Irrlehre, es gäbe keine Reinkarnation, aufheben wird?

S o wünschenswert es wäre, dass die katholische Kirche endlich diese Irrlehre aufhöbe, so ist es wohl leider kaum zu erwarten. In der Tat ist nicht damit zu rechnen, dass sie jemals ihre Irrlehre, es gäbe keine Reinkarnation, aufhebt. Auf dem Ersten Vatikanischen Konzil im Jahre 1870 hat sie sich dadurch, dass Papst Pius IX. das »Infallibilitätsdogma« (»Unfehlbarkeitsdogma«) verkündet hat, in ein fatales Dilemma extremer Inflexibilität gebracht.

In der Definition dieses Dogmas heißt es:

»Wenn der Römische Papst in höchster Lehrgewalt (ex cathedra) spricht, das heißt: wenn er seines Amtes als Hirt und Lehrer aller Christen waltend in höchster apostolischer Amtsgewalt endgültig entscheidet, eine Lehre über Glauben oder Sitten sei von der ganzen Kirche festzuhalten, so besitzt er aufgrund des göttlichen Beistandes, der ihm im heiligen Petrus verheißen ist, jene Unfehlbarkeit, mit der der göttliche Erlöser seine Kirche bei endgültigen Entscheidungen in Glaubens- und Sittenlehren ausgerüstet haben wollte. Diese endgültigen Entscheidungen des Römischen Papstes sind daher aus sich und nicht aufgrund der

Zustimmung der Kirche unabänderlich. Wenn sich jemand — was Gott verhüte — herausnehmen sollte, dieser unserer endgültigen Entscheidung zu widersprechen, so sei er ausgeschlossen.«[20]

Im Katechismus der katholischen Kirche lesen wir dazu:

> *Dieser Unfehlbarkeit ... erfreut sich der Römische Bischof, das Haupt des Kollegiums der Bischöfe, kraft seines Amtes, wenn er als oberster Hirt und Lehrer aller Christgläubigen, der seine Brüder im Glauben stärkt, eine Lehre über den Glauben oder die Sitten in einem endgültigen Akt verkündet ...*
>
> *Die der Kirche verheißene Unfehlbarkeit wohnt auch der Körperschaft der Bischöfe inne, wenn sie das oberste Lehramt zusammen mit dem Nachfolger des Petrus ausübt«, vor allem auf einem Ökumenischen Konzil.*
>
> *Wenn die Kirche durch ihr oberstes Lehramt etwas »als von Gott geoffenbart« und als Lehre Christi »zu glauben vorlegt«, müssen die Gläubigen »solchen Definitionen mit Glaubensgehorsam anhangen«. Diese Unfehlbarkeit reicht so weit wie das Glaubenserbe der göttlichen Offenbarung.*
>
> Nr. 891, S. 262f.

Demzufolge ist die kirchliche Lehrverkündigung frei von Irrtümern. Diese unfehlbare Verkündigung bezieht sich auf die Gesamtheit der Bischöfe und insbesondere auf den Papst. Das heißt, alles was die Kirche zu spirituellen bzw. theologischen Themen lehrt – wie man es etwa ihrem Katechismus entnehmen kann – ist über jeden Irrtum erhaben. Zwar droht denjenigen, die den kirchlichen Lehren und Entscheidungen widersprechen, nicht mehr der Scheiterhaufen, aber sie werden aus der ›heiligen‹ Kirche ausgeschlossen. Die Kirche hält ihre Gläubigen offensichtlich nicht für fähig, selbst zu denken. Sie glaubt, sie beim Denken betreuen zu müssen. Außerdem wird – wie bereits erwähnt – deutlich, dass sie sich für die einzige Instanz hält, göttliche Offenbarungen zu empfangen und als solche zu identifizieren.

Rudolf Steiner sagte dazu:

»Dieses Dogma der Infallibilität – das ist nun das Wichtige – wird von vielen Menschen akzeptiert, angenommen. Derjenige, der nun ein wirklicher Christ ist, kann sich überlegen: Wie ist es mit diesem Dogma der Infallibilität? – Er kann sich zum Beispiel die Frage vorlegen: Was würden die ersten Kirchenväter, die noch näher dem ursprünglichen Sinne des Christentums gestanden haben, zu dem Dogma der Infallibilität gesagt haben?

Sie würden es eine Gotteslästerung genannt haben! Und damit würde man im christlichen Sinne wohl auch die Sache treffen können. Damit würde man aber hingedeutet haben auf ein außerordentlich wirksames okkultes Mittel, nämlich durch etwas im eminentesten Sinne Widerchristliches Glauben zu erwecken. Aber dieser Glaube ist ein wichtiger okkulter Impuls nach einer bestimmten Seite hin, um loszukommen von der normalen christlichen Entwickelung.«[21]

Das Infallibilitätsdogma erinnert ein wenig an den spaßigen und absolut paradoxen Spruch, den man an den Wänden vieler Büros finden kann:

§ 1: Der Chef hat immer Recht.

§ 2: Sollte der Chef einmal nicht Recht haben, so tritt automatisch § 1 in Kraft.

Die Kirche befindet sich heute in einer Zwickmühle. Würde sie ein Dogma oder einen Lehrsatz – beispielsweise den, in dem die Reinkarnation verworfen wird – aufheben, so würde sie implizit das Unfehlbarkeitsdogma ad absurdum führen. Aufheben kann sie letzteres aber eigentlich nicht, da in diesem Fall alle Lehr- und Glaubenssätze in Frage gestellt werden müssten! Das gesamte Lehrgebäude der katholischen Kirche drohte einzustürzen.

Rudolf Steiner wies auf den wesentlichen Grund hin, warum die Kirche sich genötigt sah, das Unfehlbarkeitsdogma zu verkünden: *»Ich habe es öfter dargestellt, wie ein Geisterkampf, der vorher in den geistigen Welten stattgefunden hat, eingeflossen ist in die irdische Ordnung, in die Michael-Ordnung. Seit jener Zeit sind besondere Gelegenheiten gegeben, dass Spirituelles von den Menschen, die das wollen, aufgenommen werde. Man glaube nur nicht, dass die Eingeweihten der katholischen Kirche solche Dinge nicht wissen! Sie kennen sie natürlich; aber sie richten ihre Dämme dagegen auf. Und gerade im Zusammenhang mit der Tatsache, dass das spirituelle Leben von den geistigen Welten aus ganz besonders gefördert wird vom Jahre 1879 an, hat voraussehend die römisch-katholische Kirche das Infallibilitätsdogma aufgerichtet, um einen Damm aufzubauen gegen etwaigen Einfluss irgendwelcher neuer spiritueller Wahrheiten.«*[22]

Anhang

Rudolf Steiner und die Anthroposophie

Der wohl höchste Eingeweihte, der in der neueren Zeit im Abendland aufgetreten ist, war *Rudolf Steiner*, der Begründer der *»Anthroposophie«*. Da die meisten Ausführungen in diesem Buch ganz wesentlich auf seinen Erkenntnissen und Forschungsergebnissen basieren, soll er hier in aller Kürze vorgestellt werden.

Rudolf Steiner wurde am 25. Februar 1861 in Kraljevec (damals Österreich-Ungarn) geboren. Schon in seiner Kindheit, die er an verschiedenen Orten Österreichs verbrachte, erlebte er, dass sich ihm eine übersinnliche Welt eröffnete, die, wie er bald erkennen musste, für alle anderen Menschen aus seinem Umfeld nicht vorhanden war.

Über seine reichhaltigen übersinnlichen Erfahrungen und Erlebnisse hüllte er sich aber vier Jahrzehnte lang in Schweigen.

In seinen späteren Lebensjahren sagte er einmal, dass es ein okkultes Gesetz gebe, dass man über geistige Erkenntnisse erst dann öffentlich reden dürfe, nachdem man alles, was andere an solchen Erkenntnissen bereits aufgenommen und dargestellt haben, selbst aufgenommen und verarbeitet habe.

Schon sehr früh wurde ihm klar, dass man alle Erscheinungen und Tatsachen der physischen Welt nur dann im wahren Licht sehen kann, wenn man ihre Ursachen und Hintergründe kennt, die *ausschließlich* in geistigen Welten zu finden sind.

Nach dem Abitur studierte Rudolf Steiner von 1879 bis 1882 an der Technischen Hochschule in Wien Mathematik, Naturwissenschaft, Literatur, Philosophie und Geschichte. Zehn Jahre später promovierte er zum Doktor der Philosophie an der Universität Rostock.

In seinen ersten Lebensjahrzehnten ging er durch mancherlei seelische Prüfungen, bis es um die Wende zum 20. Jahrhundert zu einem für sein weiteres Leben entscheidenden Erlebnis kam, zu dem er in seinem Buch *»Mein Lebensgang«* (GA 28) schreibt: *»Auf das geistige Gestanden-Haben vor dem Mysterium von Golgatha in innerster ernstester Erkenntnis-Feier kam es bei meiner Seelen-Entwickelung an.«*[23]

Wir können uns vorstellen, dass diese innere Christusbegegnung wie eine gewaltige Frage vor seiner Seele stand. Es war die Frage, ob er bereit sei, sein weiteres Leben in den Dienst Christi zu stellen. Wenn man auf seine rastlose Tätigkeit, seinen aufopfernden Dienst an der Menschheit in den folgenden rund 25 Jahren schaut, ist klar, dass er diese Frage mit einem uneingeschränkten »**JA, ich will!**« beantwortet hat.

Rudolf Steiner musste sich die Frage vorlegen, wie seine übersinnlichen Einsichten und Erkenntnisse mit den naturwissenschaftlichen Methoden und Ansichten, die das Bewusstsein der modernen Menschen beherrschten, zu vereinbaren seien. Zunächst knüpfte er an die bis dahin nur wenig gewürdigten Erkenntnis-Ansätze in Goethes naturwissenschaftlichen Schriften an, bevor er mit der Darstellung seiner eigenen Erkenntnistheorie begann, die 1894 mit der Fertigstellung seines Werkes *»Philosophie der Freiheit«* ihren Abschluss fand. Mit dieser rein philosophischen Arbeit, in der er noch nicht auf irgendwelche okkulte Tatbestände Bezug nahm, zeigte er einen Weg auf, der die moderne Wissenschaft zur Anerkennung des Übersinnlichen führen könnte.

Erst nach vielen Studien und vorbereitenden Tätigkeiten beendete er kurz nach der Jahrhundertwende im Alter von nun 40 Jahren sein Schweigen über seine übersinnlichen Erfahrungen und Erkenntnisse. Zunächst fand er nur in den Reihen der 1875 von Helena Petrowna Blavatsky, geb. Hahn und Henry Steel Olcott begründeten *»Theosophischen Gesellschaft«* eine geeignete Zuhörerschaft. Steiner wahrte stets seine völlige Selbständigkeit und stellte im Gegensatz zur üblichen theosophischen Lehre das »Christus-Ereignis« als den Mittelpunkt des Weltgeschehens dar.

1913 trennte er sich von der Theosophischen Gesellschaft und gründete die *»Anthroposophische Gesellschaft«*. Nun konnte er seine geistige Unabhängigkeit und Selbständigkeit auch im Äußeren bewahren. In der Zwischenzeit hatte er eine Reihe von Büchern geschrieben, in denen er seine geistigen Forschungsergebnisse der Öffentlichkeit zugänglich machte.

Das Arbeitspensum, das er sich von nun an bis an sein Lebensende auferlegte, übersteigt jedes menschliche Vorstellungsvermögen. Dabei wurde er von der

Einsicht angetrieben, dass es eine Notwendigkeit der gegenwärtigen Zeit sei, gesicherte geistige Erkenntnisse in die Welt zu bringen. Neben seinen weiteren permanenten Forschungen in der geistigen Welt und unzähligen anderen Betätigungen und Verpflichtungen fuhr er zu Vortragsreisen durch ganz Europa. Insgesamt hat er rund 6.000 Vorträge gehalten, in denen er seine umfassenden übersinnlichen Erkenntnisse und Forschungsergebnisse darstellte. Die Vorträge, die der breiten Öffentlichkeit zugänglich waren, wurden zum Teil von bis zu 2.000 Menschen besucht. Über intime Erkenntnisse sprach er nur im Kreise der Anthroposophischen Gesellschaft, wo er davon ausgehen konnte, dass die Zuhörer schon durch andere Vorträge oder Kurse für diese Themen vorbereitet waren. Dutzende seiner Vorträge hielt er für bestimmte Berufsgruppen, die ihn darum baten, zu ihnen zu sprechen: Ärzte, Lehrer, Theologen, Landwirte usw. Hier sorgte er immer wieder mit seinem höchst erstaunlichen *Fach*wissen für Verwunderung. Neben allen seinen sonstigen Verpflichtungen nahm sich Rudolf Steiner in seinen letzten Lebensjahren noch nahezu täglich die Zeit, unzählig vielen Menschen, die mit ihren kleinen und großen Sorgen zu ihm kamen, Rat zu geben.

Rudolf Steiner starb am 30. März 1925 in Dornach (Schweiz). Er hinterließ ein so umfassendes Lebenswerk, dass es noch Jahrhunderte dauern wird, bis es in seiner Gänze und all seinen Auswirkungen von der Menschheit überschaut und hinreichend gewürdigt werden kann. Zu seiner Hinterlassenschaft gehören etliche von ihm geschriebene Werke und weit mehr als 300 Bücher, die mittlerweile herausgegeben worden sind und Mitschriften seines Vortragswerkes darstellen. Mit seiner Anthroposophie hat er der Welt etwas Einzigartiges vermacht.

Dass Rudolf Steiner gerade zu Beginn des 20. Jahrhunderts von der geistigen Welt beauftragt wurde, den Menschen die Geisteswissenschaft zu bringen, ist gewiss kein ›Zufall‹. Im Jahre 1899 endete das sogenannte *»Kali Yuga«*, das *»Finstere Zeitalter«*, wie es in allen okkulten Traditionen genannt wird. Dieses Menschheitszeitalter dauerte insgesamt etwa 5.000 Jahre. In dieser Zeitspanne war es wichtig, dass der ›Schleier‹, der die geistige Welt von der Erdenwelt trennt, immer dichter, immer undurchsichtiger wurde. Die Menschen sollten immer mehr vor die Aufgabe gestellt werden, die Erde zu bearbeiten sowie die gesamte physische Welt zu ergreifen und zu verstehen. Somit musste auch das alte Hellsehen, das zuvor noch eine ganz natürliche menschliche Fähigkeit war, nach und nach verloren gehen. Die Menschen mussten von den Göttern unabhängig werden und ihre Selbständigkeit und Verstandeskräfte erringen.

Dazu war es auch notwendig, dass die Naturwissenschaften in die Welt kamen. Vor rund 2.400 Jahren war es Aristoteles, der mit seiner Begründung der »Logik«

die Voraussetzungen bzw. Grundlagen für eine präzise und folgerichtige Erforschung der Natur schuf. Die Naturwissenschaften erreichten im 19. Jahrhundert ihren ersten großen Höhepunkt. Nun, nach Ablauf des Kali Yuga, wurde es notwendig, dass auch eine geistige Wissenschaft in die Welt kam.

Das war die gewaltige Lebensaufgabe Rudolf Steiners. Seine Anthroposophie ist keine okkulte Lehre im herkömmlichen Sinne. Sie verbindet das, was man über das Sinnliche wissen kann, mit dem, was an Erkenntnissen nur aus geistigen Welten geholt werden kann. Anthroposophie stellt gewissermaßen die *Synthese* zwischen den Lehren der großen christlichen Kirchen (These) und denen der Wissenschaften (Antithese) dar. Im Gegensatz zu den anderen Wissenschaftlern war Steiner einer, der die Grenze, welche die übersinnliche von der sinnlichen Welt trennt, zu überschreiten vermochte. Seine Darstellungen sind daher nicht nur wissenschaftlich, sondern *über*-wissenschaftlich. Somit kann die Anthroposophie auch mit Recht als »Geistes*wissenschaft*« bezeichnet werden. Sie ist eine ebenso präzise Geisteswissenschaft wie die Mathematik.

Rudolf Steiner sprach sich immer wieder in aller Entschiedenheit gegen Dogmatismus aus, weil er jedwede Form von autoritativen Belehrungen als unzulässigen Eingriff in die menschliche Freiheit ansah. Daher wollte er für seine Anhänger auch niemals als ›Guru‹ gelten, dem man alle Aussagen nur aufgrund seiner persönlichen Autorität abnehmen sollte. Er forderte vielmehr immer wieder auf, seine Schilderungen mit allen zur Verfügung stehenden Mitteln kritisch zu hinterfragen und zu überprüfen. Die Lehren der Anthroposophie stehen weder im Widerspruch zu den Erkenntnissen der modernen Naturwissenschaften noch zu den Lehren des Christentums. Sie machen ganz im Gegenteil letztere erst so recht verständlich. Die Anthroposophie vermag es somit, die Kluft zwischen Wissen und Glauben zu überbrücken.

Es gibt heute im Übrigen eine ganze Reihe von Errungenschaften und Einrichtungen, die aus der Anthroposophie geflossen sind. Hierzu sind insbesondere die »Waldorfpädagogik« und die »Waldorfschulen«, die »anthroposophisch orientierte Medizin«, die »Eurythmie«, der »biologisch-dynamische Anbau« in der Landwirtschaft und die »Christengemeinschaft« (»Bewegung für religiöse Erneuerung«) zu zählen. In all diesen Fällen stand Rudolf Steiner denjenigen, die als Gründer auftraten, mit Rat und Tat zur Seite.

Etliche Zeitgenossen und Weggefährten Rudolf Steiners veröffentlichten später ihre Erinnerungen an den großen Geisteslehrer.

Wir wollen hier nur exemplarisch zitieren, was der namhafte französische Schriftsteller und Theosoph *Édouard Schuré* (1841 bis 1929) über seine *erste* Begegnung mit Rudolf Steiner schrieb:

»Im Jahre 1902 hatte mir Marie von Sivers zum ersten Male von Rudolf Steiner geschrieben, von jener Persönlichkeit, deren Erkenntnisse alles überragten, was bis jetzt von Menschen aus dem esoterischen Schatz gehoben worden sei. Im Jahre 1906 kam Rudolf Steiner mit Marie von Sivers nach Paris, um Vorträge zu halten. [...]

Ich hatte zwar einen Menschen erwartet, der nach allem, was ich durch Marie von Sivers gehört und auch anderweitig gelesen hatte, ein Weggenosse nach meinem Ziele sein könne, aber eigentlich war ich noch etwas gleichgültig (die Zeitverhältnisse hatten das mit sich gebracht), als Rudolf Steiner zu mir kam.

Als er dann in der Tür stand, und mich ansah mit den Augen, die ein Wissen von unendlichen Tiefen und Höhen der Entwicklung verrieten, mit seinem fast asketischen Gesicht, das zugleich Güte und unbegrenztes Vertrauen ausdrückte und einflößte, da machte er mir einen erschütternden Eindruck, wie ich ihn nur zweimal noch in meinem Leben, und teilweise weniger stark, empfunden hatte (bei Richard Wagner und bei Margherita Albana Mignaty). Zwei Dinge waren mir da auf einmal sehr klar, bevor Rudolf Steiner nur gesprochen hatte:

Zum allerersten Mal war ich gewiss, einen Eingeweihten vor mir zu haben. Lange hatte ich im Geiste mit den Eingeweihten des Altertums gelebt, deren Geschichte und Entwicklung ich habe aufzeichnen dürfen. Und hier stand nun endlich einer vor mir auf dem physischen Plan.

Und noch ein Zweites war mir klar in diesem kurzen Augenblick, da wir gegenseitig alles um uns herum vergaßen, und nur in uns hineinschauten: Ich war gewiss, dass dieser Mensch, der da vor mir stand, eine große Rolle in meinem Leben spielen würde.«

Dann schilderte Édouard Schuré über die Vorträge, die Rudolf Steiner in Paris hielt:

»Zunächst waren es deren plastische Kraft. Wenn er von den Erscheinungen und Geschehnissen der übersinnlichen Welt sprach, war es. als wäre er darin wie bei sich zu Hause. Er erzählte in verständlicher Sprache, was sich in diesen unbekannten Regionen zuträgt, sowohl mit den verblüffenden Details als auch mit den ganz gewöhnlich erscheinenden Vorgängen.

Er beschrieb nicht, er **schaute** *die Dinge und Szenen und ließ sie schauen, wobei einem die kosmischen Erscheinungen wie wirkliche Dinge des physischen Plans vorkamen. Wenn man ihn anhörte, konnte man nicht an seiner geistigen Schau zweifeln, die so klar war wie ein physisches Schauen, nur weit ausgedehnter.*

Ein anderes auffallendes Merkmal:
Bei diesem Philosophen-Mystiker, bei diesem Denker und Schauenden wurden alle Seelenvorgänge in Verbindung gesetzt mit den unveränderlichen Gesetzen der physischen Natur. Diese Gesetze dienten dazu, die geistigen Erscheinungen zu erklären. [...]

Was die Wirkung der Vorträge anbetrifft, so war mir vor allem klar, welch großer Abstand die indische Lehre, die in der damaligen Theosophie allzu großen Platz ergriffen hatte, von dem trennte, was Rudolf Steiner hier vorbrachte. Hat man doch immer wieder den Vorwurf gegen ihn erhoben, er wolle die indische Religion einfach europäisieren. Zum ersten Male erkannte ich da, und ich wurde in meinem eigenen Suchen und Erkennen bestärkt, dass dasjenige, was Rudolf Steiner mit der Anthroposophie gegeben hat, als Zentrum nur Christus hat und dass er das gab, was man die christliche Theosophie zu jener Zeit (1906) nennen konnte und nannte, während ja die übrige Theosophie wirklich nur orientalisch war. Die Mitglieder der französischen theosophischen Gesellschaft, die einen großen Teil der Zuhörer im ›Salle Reynouard‹ ausmachten, waren über diese Wendung der Dinge am meisten erstaunt. Für sie schien die Theosophie plötzlich eine andere, wenn auch etwas schwieriger erscheinende, aber doch weit klarere Seite gewonnen zu haben. Mit dem, was geboten war, sahen sie sich besser in die Gegenwart hineinversetzt, obwohl sie sich kaum schon vergegenwärtigten, dass hier die wirkliche christliche Esoterik wieder neu erstand.«[24]

Quellennachweis

1   entnommen aus Zürrer, Ronald: *»Reinkarnation – Die umfassende Wissenschaft der Seelenwanderung«*, Zürich: Sentient Press 1992, S. 289

2   vgl. https://schwabach.de/de/wissenswertes/neuigkeiten/neues-aus-den-aemtern/5111-1740-wunderkind-gestorben.html (03.09.2023)

3   vgl. auch https://www.zeit.de/1999/52/Ein_Kind_zum_Anbeten (10.01.2024)

4   vgl. Burrows, John (Herausgeber): *»Klassische Musik – Komponisten, Werke, Interpreten«*, DK Verlag Dorling Kindersley 2012, S. 66

5   entnommen aus Zürrer, Ronald: *»Reinkarnation – Die umfassende Wissenschaft der Seelenwanderung«*, Zürich: Sentient Press 1992, S. 297

6   2. Könige 2, 11

7   Matthäus 16, 14; Markus 8, 28; Lukas 9, 19; Johannes 1, 21

8   Matthäus 17, 1ff.

9   Lukas 9, 28ff.

10   Steiner, Rudolf: *»Spirituelle Seelenlehre und Weltbetrachtung«*, GA 52, 1986, S. 78

11   vgl. Steiner, Rudolf: *»Das christliche Mysterium«*, GA 97, 1998, S. 21

12   vgl. Steiner, Rudolf: *»Spirituelle Seelenlehre und Weltbetrachtung«*, GA 52, 1986, S. 78f.

13   Steiner, Rudolf: *»Spirituelle Seelenlehre und Weltbetrachtung«*, GA 52, 1986, S. 78f.

14   Steiner, Rudolf: *»Das christliche Mysterium«*, GA 97, 1998, S. 21

15   Steiner, Rudolf: *»Lucifer-Gnosis – Grundlegende Aufsätze zur Anthroposophie und Aufsätze aus den Zeitschriften Lucifer-Gnosis«*, GA 34, 1987, S. 404f.

16   Steiner, Rudolf: *»Geisteswissenschaftliche Menschenkunde«*, GA 107, 1988, S. 250

17   Steiner, Rudolf: *»Die Welträtsel und die Anthroposophie«*, GA 54, 1983, S. 301

18   Steiner, Rudolf: *»Notwendigkeit und Freiheit im Weltengeschehen und im menschlichen Handeln«*, GA 166, 1982, S. 133f.

19   Steiner, Rudolf: *»Das esoterische Christentum und die geistige Führung der Menschheit«*, GA 130, 1995, S. 190f.

20   https://anthrowiki.at/Unfehlbarkeitsdogma (29.02.2024)

21   Steiner, Rudolf: *»Kosmische und menschliche Geschichte – Zeitgeschichtliche Betrachtungen: Das Karma der Unwahrhaftigkeit«*, GA 174, 1983, S. 233

22   Steiner, Rudolf: *»Die Polarität von Dauer und Entwicklung im Menschenleben«*, GA 184, 2002, S. 192

23   Steiner, Rudolf: *»Mein Lebensgang«*, GA 28, 200, S. 388

24   Wachsmuth, Guenther: *»Rudolf Steiners Erdenleben und Wirken – Von der Jahrhundertwende bis zum Tode – Die Geburt der Geisteswissenschaft«*, Dornach: Philosophisch-anthroposophischer Verlag am Goetheanum 1964, S. 88f.

Diese Publikation enthält Links auf Webseiten Dritter, für deren Inhalte keine Haftung übernommen wird. Auf Veränderungen, die nach den angegebenen Zeitpunkten der Überprüfung liegen, hat der Autor keinerlei Einfluss.

**Die spirituelle Seite
des Todes**

**Reinkarnation und Christentum,
Leben nach dem Tod
und
Sinn des Lebens**

© Justen, Josef F. (2024)
BoD-Books on Demand, Norderstedt
ISBN: 978-3-7597-4954-3
Paperback: 582 Seiten (17 × 22 cm)
Print: 21,99 €; E-Book 8,99 €

**Reinkarnation
und
Karma
im Lichte wahren Christentums**

**Der Sinn der wiederholten Erdenleben
und wie das Schicksal waltet**

© Justen, Josef F. (2024)
BoD-Books on Demand, Norderstedt
ISBN: 978-3-7597-3414-3
Paperback: 420 Seiten (17 × 22 cm)
Print: 17,99 €; E-Book 7,99 €